サステイナビリティ・ブックレット1

生業と地域社会の復興を考える

宮城県石巻市北上町の事例から

西城戸誠・平川全機
編著

公人の友社

刊行にあたって

本書は、2014年11月29日に法政大学市ヶ谷キャンパスにおいて開催された第28回ニッセイ財団助成研究ワークショップ「生業と地域社会の復興を考える」の内容を再構成したものである。刊行に際して、これまでの経緯を簡単に述べておきたい。

2012年秋から2年間、法政大学人間環境学部の西城戸誠を研究代表者として、ニッセイ財団からの研究助成（生業の創出を核とした地域社会の回復力を形成する―宮城県石巻市北上町（橋浦地区ならびに十三浜地区）の被災経験から―）を得ることになったが、この研究の前身は、北海道大学大学院文学研究科の宮内泰介研究室のメンバー（平川全機、黒田暁、武中桂）が、宮城県石巻市北上町における地域資源管理に関する調査研究である。宮内らは、2004年2月に北上川岸のヨシ原の利用と地域社会の関係に注目して初めて北上町を訪れた。調査研究を進めていくうちにヨシ原だけではなく、この地域には多様な地域資源が存在し、その利用に関する重層的なルールと生業複合のあり様に関心を広げていった。

この継続的な調査研究の中で、2011年3月11日、東日本大震災が発生した。周知の通り、未曾有の被災状況の中で、特に何も貢献できない研究者が現地に行くべきか悩んだが、現場の状況を確認することから現場との関わりを考えていくことになった。そして、宮内、平川、黒田、武中に加え、西城戸が北上町を震災後、最初に訪れたのは、2011年6月2日であった。そこでは従来までの調査でお世話になった方や、役場への訪問を行い、現地のニーズを確認した。2011年8月から北海道大学や法政大学の学生が、NPO法人パルシックと協力し、ボランティア派遣を行ったり、集団高台移転に伴う合意形成の会合のコーディネーターを務めたり、北上町の住民の方の意向を聞き取り、「かわら版」として情報提供を行ってきた。このような状況の中で、ニッセイ財団の助成を受けることになった。先述した実

刊行にあたって

 践だけではなく、北上町の地域リーダーや復興応援隊の方と一緒に、他の被災地への見学を行い、ともに震災の復興のあり方を考えてきた。また、研究メンバーを新たに追加することによって、従来の地域資源管理に関する調査研究の内容に、女性や暮らしに関する研究、復興支援員の制度研究を加え、住まいの復興、生業の復興、地域社会の再編という3つの観点から、北上町における地域社会の回復力の形成に関する実践的な調査研究を行うことになった。2014年11月のシンポジウムと本書の内容は、その研究の中間報告にあたる。

簡単に本書の内容を整理すると、以下の通りである。第1報告では、西城戸誠がニッセイ財団助成による研究プロジェクトの概要を説明した。第2報告では、平川全機が個人と地域社会と制度の3つの視点から議論した。第3報告では、宮内泰介が北上町の主産業の一つである農業に関して、復興において加速された協業化の意味と課題について論じている。第4報告では、髙﨑優子が北上町のもう一つの主産業である漁業に関して、復興政策が進める協業化と漁業者自身の捉え方の差について論じている。第5報告では、庄司知恵子が復興の中で重要な役割を果たしているものの政策や制度の外にある女性の活動についてこれまでの震災復興における女性の役割の議論の中で捉え直す試みをしている。第6報告では、図司直也が北上町の復興応援隊が果たしている支援の役割について現状と展望を述べている。最後に、鬼頭秀一氏と関礼子氏からコメントをいただき、コメントと会場からの質問への応答を行った。

本書は、法政大学人間環境学部・サステイナビリティ・ブックレットシリーズの第1巻として刊行されることになった。刊行の機会を与えていただいた法政大学人間環境学会に感謝申し上げたい。なお、本書の内容を踏まえた上で、ニッセイ財団による2年間研究助成の成果を、2015年度中に書籍として刊行する予定である。これらの支援も含めてニッセイ財団に対して、改めて感謝申し上げたい。最後になったが、本書が、石巻市北上町の方々だけではなく、広く、震災復興に寄与することになることを願ってやまない。

2015年 3月

西城戸　誠・平川　全機

目　次

第1報告　石巻市北上町とのかかわりと実践的調査研究の概要

　　　　　　　　　　　　　　西城戸　誠（法政大学）……… 6

第2報告　高台移転の制度と住民の時間

　　　　　　　　　　　　　　平川　全機（北海道大学）……… 13

第3報告　震災後の地域農業の展開にみる生業復興の構造

　　　　　　　　　　宮内　泰介（北海道大学）・黒田　暁（長崎大学）……… 22

第4報告　漁業復興における協業化の意義と役割

　　　　　　　　　　　　　　髙﨑　優子（北海道大学）……… 30

目次

第5報告 子育て環境の復興と再生における女性の活動

　　　　庄司　知恵子（岩手県立大学）・武中　桂（北海道大学）……39

第6報告 被災地における地域サポート人材の役割と課題

　　　　図司　直也（法政大学）・西城戸　誠（法政大学）……48

コメント　　鬼頭　秀一（星槎大学）……57

コメント　　関　礼子（立教大学）……62

コメント応答　宮内　泰介（北海道大学）……67

質疑応答……69

第1報告

石巻市北上町とのかかわりと実践的調査研究の概要

西城戸　誠（法政大学）

　最初に、私から本研究プロジェクトの概要をお話しします。われわれはニッセイ財団の助成を2年間受けまして研究プロジェクトチームを作ってまいりました。このプロジェクトは、単なる調査研究ではなく実践を念頭においたものです。最初に地域概要とこの調査研究がどういう位置づけで行われていたのか私の方からご報告いたします。各報告でも概要について説明がありますが、簡単に北上町がどういった場所だったのかまず、ご説明申し上げます。

　宮城県石巻市北上町は、2005年に合併しています。当時は、町でしたが現在は石巻市になっています。人口ですが、震災前は3904人ですが、先月（2014年10月）の住民基本台帳調査では2787人となっています。これは、震災でだいぶ亡くなった方もいらっしゃるのですが、人口の流出もありまして特に2014年には人口減少率が増加するという傾向もあります。北上町には大きく分けて2つ地域があり、1つ目が橋浦地区という地区、2つ目が十三浜地区という地区です。具体的な場所ですが、地図の右側が太平洋です。北上川という川

西城戸誠氏

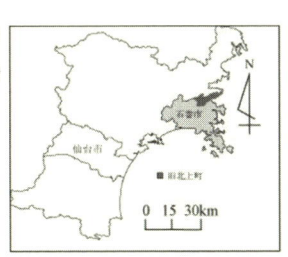

宮城県石巻市北上町

- 2005年合併（1市5町・旧桃生郡北上町）
- 人口：3904人（2011年2月末住民基本台帳調査）であったが、2014年10月末段階では2787人（2014年10月末住民基本台帳調査）
  - 特に2014年に入り減少率も上昇している（前年比-5%から-7%へ）
- おもな産業：漁業・農業・建設業・サービス業
- 石巻市街地への通勤も多い
- 橋浦地区：北上川河口から内陸部分に位置。農業（水田・畑）を中心に生業複合。石巻市市街地への通勤が多い
- 十三浜地区：北上川河口から海側部分に位置。漁業を中心に生業複合。養殖業が定着してからは安定

があって、河口が十三浜地区、内陸部が橋浦地区となっています。2011年3月11日の東日本大震災において、北上川を津波が逆流して大きな被害が出ました。具体的に地区別にみますと、橋浦地区は沿岸部に打撃を受けています。河口地域は地盤沈下しています。海側の十三浜地区も多くの家屋が流失しました。

われわれは2つの地域を対象に震災復興の研究をしてきたのですが、そもそもの問題関心は何か、どういう状況の中でどういう研究をしてきたのか、その前提をまずお話しします。ご存知の通り、震災から3年半、もうすぐ4年が経とうとしていますけれども、震災直後は民主党政権、その後は自民党政権へ代わりましたが、復興ということは基盤整備系、ようするにハード面ですね、それを直していくんだということが続いていたんです。この地区でいえば、巨大な防潮堤を作る、第一報告で触れますが集団高台移転、もしくは道路をかさ上げするといったハード面の復興が進んでいった。しかし、それがどういうインパクトを持っているかというと、ハードの整備は進むんだけれどもそこに住む地域の人びとの生活とか生活再建が、財政的なものも含めた支援がどのようになり、具体的に復興するのかという点が後回しにされがちになります。まずハードを直しましょうというのが戦後日本の開発のやり方だった。資金面では補助金のあり方もそうですが、国と自治体の関係があって地域の住民の生活の感覚からはほど遠いような復興政策が行われてきたという経緯があります。もう一つ申し上げると、石巻市に合併された北上町は、石巻市では下の方というわけではありませんが、周辺側に追いやられる。そういう形で、地域ごとの持続可能な復興計画が困難になっている状況が見て取れます。そういうことを踏まえたうえで、我々は国ベースで行われる「上か

らの復興」と被災者や被災自治体が思い描くような「下からの復興」がせめぎ合っている状態、そのことを前提にしたうえで、このせめぎ合っている中がどういうような問題の構造になっているのか。それをどうすれば復興ができるのか。といったことを考えたいという思いがありまして、この調査研究を始めたという経緯があります。

細かい点は第1報告、第2報告以降でお話ししますが、この「上からの復興」「下からの復興」の差は、当然十三浜地区と橋浦地区の差や地区の内部での違いもあります。さまざまな地域住民のライフスタイル、それから生業の内容、制度的に担保される復興施策のタイミング、時間などさまざまなズレが想定されます。したがって、被災者の生活や生業の困難が長期化して、深刻化しています。そのようなことも踏まえた上で、第1報告では集団高台移転の課題とその解決に向けた報告をいたします。2つ目は「暮らしの復興」という部分ですが、生業支援についてです。これは、「住まいの復興」というテーマです。2つ目は「暮らしの復興」という部分に分けて報告します。第2報告では橋浦地区の農業について報告します。大きく農業と漁業ですが、プラスアルファとして地域のさまざまな自然の資源利用をしていました。震災以降、さまざまなものが流されて、耕作放棄地が増加し、地域住民が流出していく中で、どうやって農業が復興していくのか、それについて協業化というキーワードを使った上で議論していこうと思います。第3報告は、十三浜地区の漁業についてです。十三浜地区は養殖業を中心として比較的安定した経営をしていましたが、被災によって大きな打撃を受けました。その被害からどうやって復興していくかということに関して、さまざまなパターンがありました。大きく言えば協業化という漁業者が一緒にやっていくというやり方です。ただし細かく見ていくと実はさまざまな思惑がありました。第3報告では、多様な協業化をキーワードで現状の報告をしたいと思います。さらに、休憩を挟んで第4報告と第5報告で、我々の研究グループは社会学者を中心とした研究グループですので、この北上町の地域社会にそこに住まう人びと、アクターと言っていますが、どういう位置関係でどのような再編があったのかという点もお話しします。1つは、制度的な復興支援を受けていない女性というテーマで、この地区で実際どのような活動

第1報告　石巻市北上町とのかかわりと実践的調査研究の概要

が行われ、どのような可能性があったのか第4報告で行いたいと思います。最後に第5報告では、総務省が作った地域復興支援員の制度を使った宮城県独自の復興応援隊という活動の可能性についてお話しします。

報告の全体像は、この図のようになります。上から国、県、市、北上総合支所と権限が大きい順です。矢印は政策の影響が地域に下りてくることを示しています。真ん中に「住まいの復興」があって、生業の復興が第2報告と第3報告になります。第4報告では、この支援を受けていないけれども地域のボトムラインにある女性や育児の話がありますが、これらのアクターをつなげる役割の復興応援隊の話が第5報告になります。このように入り組んだ形になっていて、地域社会を考えていくうえで細かいアクターの関係性を踏まえた上で、復興の方向性を考えていくことがこの調査研究報告の趣旨であります。

さて、最後にこの調査研究で実践的という言葉を使った意図についてご説明します。ニッセイ財団から助成をいただく以前から、われわれの一部の研究メンバーは北上町にかかわっていました。震災前は、実は私はかかわっていなかったんですけども、北海道大学宮内先生の研究室の研究グループが北上川を中心とした自然環境の利用について調査研究を行っていました。震災以降何をやっていたのか。一つは、ボランティアの派遣です。北海道大学と法政大学からボランティアを派遣しました。現在も法政大学間環境学部で継続しています。もちろんボランティアの是非とか支援をどうするかという議論もあります。今日はここではまた詳しくは申しませんが重要な論点です。2つ目は、集団高台移転の合意形成の部分で支援活動をしてきました。宮内先生を中心に現地の視察、

報告の全体像

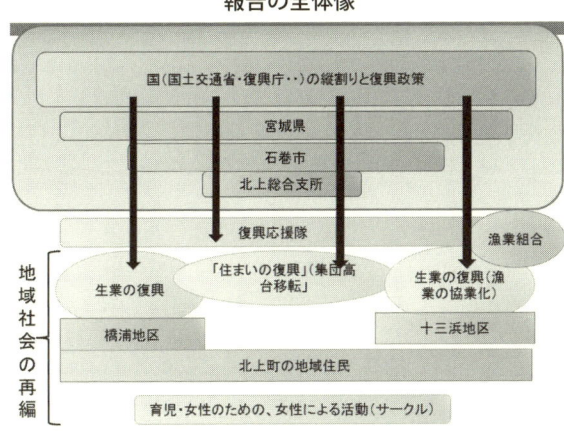

国（国土交通省・復興庁‥）の縦割りと復興政策	
宮城県	
石巻市	
北上総合支所	

復興応援隊　　漁業組合

地域社会の再編：
- 生業の復興
- 「住まいの復興」集団高台移転
- 生業の復興（漁業の協業化）
- 橋浦地区
- 十三浜地区
- 北上町の地域住民
- 育児・女性のための、女性による活動（サークル）

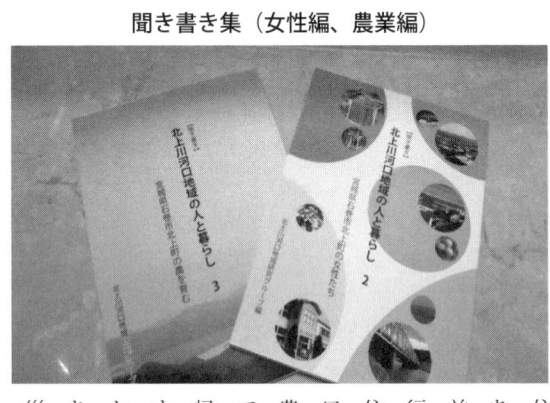

聞き書き集（女性編、農業編）

住民の話し合い、まとめをするということをして、地域でどのようにして議論をするのか話し合ってきました。さらに、ニッセイ財団から助成をいただく直前の2012年8月から毎年夏に集中調査としてさまざまな聞き取り調査を行ってきました。その成果として、例えば1つは多様な意見をまとめて、地域住民に還元するような「かわら版」を配布することをしてきました。また、今日お手元に2つ聞き書き集をお渡ししています。震災以前と以降を踏まえて農業と女性に関して聞き取った成果を還元しています。さらに、この調査の中で考えたのは、一般的な調査というのは研究者が現地に話を聞いて調査をして帰ってくるということを繰り返すのですが、そうではないだろうということで、つまり、今日お越しいただいた方もそうですが、北上町の地域のリーダーとか復興応援隊の人たちと一緒に考える、一緒に地域を知っていくということをしました。特に、北上町だけではなくて、別の被災地、例えば中越地震で被災した山古志村で活動している人びとに、一緒に行って学ぶ「市民と一緒に行う調査」も行ってまいりました。普通の研究費ではなかなかこうしたことはできないのですが、ニッセイ財団の助成のおかげでこうした市民協働の調査研究が可能になりました。あらためて御礼申し上げます。最後に、私が所属する人間環境学部の学生に対する地域学習のプログラムがあります。具体的には、ボランティア派遣とは別に2013年度に1回スタディアーを組みました。こうした関わりが全ていいと言っているのではなくて、私自身反省か少し早くやり過ぎたかなとか、本当に学生を連れたツアーをやるのがいいのかどうかということも反省、再帰的に考えつつ、でもこうした流れを持っていくことが大事ではないかと考えました。つまり、一般的なボランティア論にある支援する／される関係の複雑さ、難しさもこの実践的調査研究に含まれているわけ

10

今回の中間報告の意義を申し上げますと、この研究は「社会学的な」学術研究とは一線を画すことを企図しています。それは、社会学という領域では、既存の学問領域でイメージされるような「概念」を捉え返し、特に社会学者はトリッキーな概念を使うことが多く、もしくはチャーミングな、おっと思うような概念を使ってすぱっと切り取る。私自身社会学者なのでその快感というのも分かるのですけども、それは震災研究では必要ないと思っています。ある概念を使ってこの地域はこうでしたよと解釈を学問的に見せるという作業に対して、極めて禁欲的にやってきました。むしろ、調査研究と実践を二項対立と考えずに、絶えず何が実践でできるのか、復興とは何かということを考えつつ、考えても考えてもなかなか答えは出ない部分もあるのですが、そうしたことを繰り返しやっていくことをしてきました。一つの方向としては、徹底した現地調査によって、どのようにこの問題を考えていったらいいのかということの方策、方法論を考えるようになってきました。計画論との接合と書いてありますが、一般に復興の計画というのは、上からこういう復興がいいですよとマニュアルが示されるのです。そのマニュアルとか上から復興に地域住民は違和感をいっぱい持っているんですね。われわれはその違和感やズレ、もしくはそれに乗っかる部分、それを全部含んだ上で、ではどういう方法を考えていくのがこの北上町において地域社会を回復するのかということを考えていきたいと思います。実は歯切れはよくないのです。この後の報告もかなり込み入った話があります。初めての方はなんかこの地北上町に行った方は分かるかもしれませんし、

中間報告としての5つの報告の意義

- 「社会学的な」学術研究とは一線を画す
    - 「社会学的な概念」で切り取って、地域を理解する作業との距離感
    - 調査（研究）と実践を二項対立的に捉えない

- 徹底した現地調査による実践的な調査：計画論との接合
    - 制度と実態とのズレ（地域、時間、ライフコース（世帯戦略）による）と、そのズレを解消する方法を模索中
        - ➡ 復興計画の変更を求める／復興計画を飼い慣らす／他の復興を参考にする
    - ただし、「復興の一部」しか議論できていない ➡ 今後の継続的な課題

- 地域社会の回復力を形成するという意味を問い続ける
    - 制度との関係／押しつけにならない主体性の醸成をどうするのか／個人、地域の格差を考えながら、自立をどう促すか

域社会はごちゃごちゃしたところがいっぱいあるなと思うかもしれません。半分言い訳でもあるのですが、こういったごちゃごちゃした地域社会のなかで復興に向けた動きを捉えるのはとても難しいのです。そして復興制度のなかでさまざまな人びとが悩み、さまざまな集団がかかわり、そうした相互作用の中で、一つないし複数の解答が生まれてくると私たちは考えています。これは、地域社会の回復力を形成するということの意味を問い続けているわけです。どうしたら次のステップに行けるのか、次のステップに行くマニュアルを形成するのでもなく、こうすべきだと強く言うのでもなく、でも一つの方向性として考えていく。ある意味まどろっこしい話ではあるのですがこの後5つの報告で繰り返しお話ししたいと思っています。本当に細かい話です。この細かい話をちょっと我慢して聞いていただいて、今日の報告を紡ぎ合わせていただくと北上町においてどのような復興、回復力を考えていけばいいのかというヒントが出てくるのではないかと思います。ゲストの先生からもコメントいただいた上で、他の地域にどう応用できるのかも考えていきたいと思います。

第2報告 高台移転の制度と住民の時間

平川　全機（北海道大学）

高台移転を中心とする住宅再建全体について制度と地域社会との関係をお話しします。報告の背景です。東日本大震災では津波によって多くの住宅が流され住宅再建が大きな課題となっていますが、3年半以上たった現在でも住宅が建ち入居するという住宅再建が完了したところは非常に少ないことがあります。こうした現状には、いろいろな批判があります。遅すぎるという批判もあれば、住民の意見を反映していなく合意形成が拙速すぎるという反対側からの批判もあります。こうした現状と批判を踏まえつつ、石巻市北上町の高台移転を中心とする住宅再建過程に着目して、現在どのような困難に直面しているのか、それを克服する道筋、可能性を考えてみたいと思います。

これまでどのような議論が住宅再建について行われていたのかというと、1つは高台移転という制度そのものについてです。いかに合意を得て高台移転を進めるのかというマニュアル的な議論や高台移転という制度が暴走してしまい住民が疎外されているという議論もあります。もう一つは、地域社会の維持との関係で制度を見ていくという議論です。高台移転を批判する議論としては、津波から逃れるために

平川全機氏

本報告の視座

- 地域社会の維持
- 家族の選択
- 制度

高台に移転すればいいというのは防災しか考えていなく、漁業中心の地域の生業にとってはもっと低いところに住んだ方がいいという議論があります。これらは地域社会の維持にとって制度がどのような役割を果たしているのかという議論です。もう一つ視点として大切なのが、どこに家を再建するのかはそれぞれの家族だということです。家族の選択をもう一つの視点としてきちんと考えていかなければなりません。つまり、地域社会の維持、家族の選択と高台移転を中心とする制度とどういう関係にあるのかという3つの視点で本報告は見ていきます。理想を言えば、この3つがうまく共存して、地域社会が維持され、家族も満足し、それを制度がうまく支え、迅速に進むという姿があります。現実は、そうはなっていません。制度が地域社会や家族にとって不十分であったり、地域社会の維持と家族の選択が対立してくる現実があります。こうした課題がなぜ生じるのか、どのように克服できるのかということを可能性の段階ですが議論したいと思います。

あらためて北上町の被災の概要を確認しておきます。多くの死者も出ましたし、家屋の被害は535棟が全壊し、特に海側の十三浜地区では約70％の世帯が全壊流失しました。家屋の被害は壊滅的でした。

次に高台移転にはどういう制度があってどういう内容なのか説明します。1つは、防災集団移転促進事業、一般に「防集」と呼ばれている法律に基づく制度です。高台移転の多くはこれを利用しています。もう一つが、がけ地近接等危険住宅移転事業、通称「がけ近」と呼ばれている制度を利用することができます。

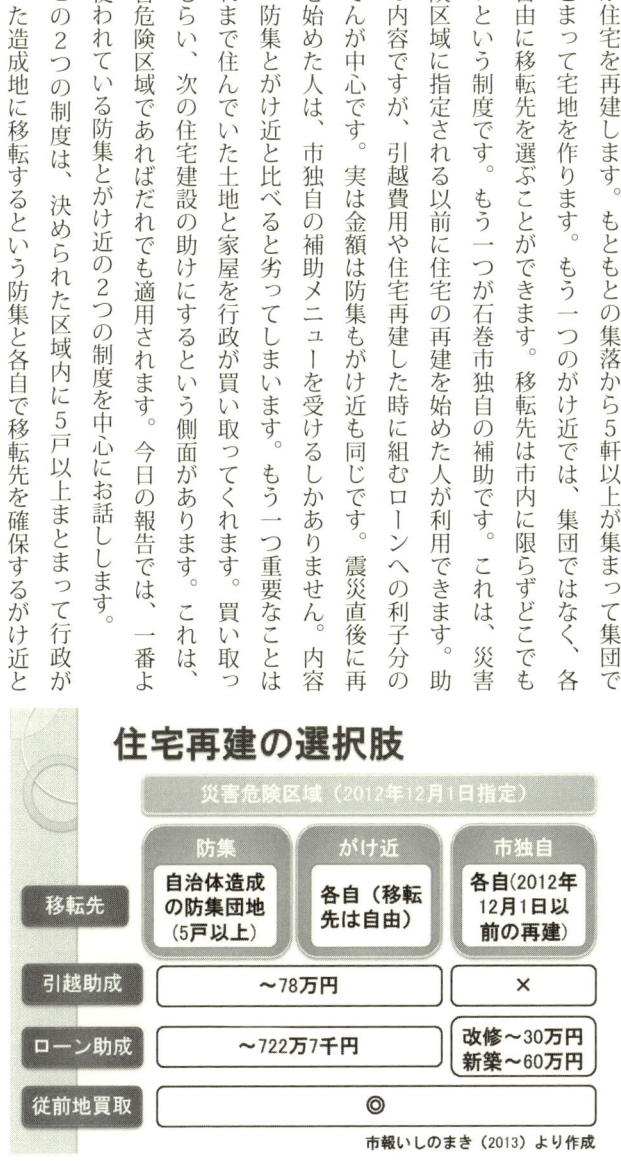

第2報告　高台移転の制度と住民の時間

制度です。これも国の補助事業として行われます。最後に、石巻市の独自の補助があります。

次に、この3つの制度がどういうものなのかお話しします。この3つの制度どれを利用するにしても、被災の時点で住んでいた場所が津波の被害を受けて、その後災害危険区域といってそこで住宅の再建や改築が禁止される区域に指定される必要があります。石巻市では2012年12月1日に指定されました。それぞれの制度でどこに移転できるのかというと、防集では自治体が新しく高台に防集団地と呼ばれる宅地を造成し、そこを払い下げるなり賃貸し、そこに住民が住宅を再建します。もともとの集落から5軒以上が集まって集団でまとまって宅地を作ります。もう一つのがけ近では、集団ではなく、各自自由に移転先を選ぶことができます。移転先は市内に限らずどこでもいいという制度です。もう一つが石巻市独自の補助です。これは、災害危険区域に指定される以前に住宅の再建を始めた人が利用できます。助成の内容ですが、引越費用や住宅再建した時に組むローンへの利子分の補てんが中心です。実は金額は防集も独自の補助メニューを受けるしかありません。震災直後に再建を始めた人は、市独自の補助メニューを受けるしかありません。震災直後に再建を始めた人は、これまで住んでいた土地と比べると劣ってしまっています。買い取ってもらい、次の住宅建設の助けにするという側面があります。もう一つ重要なことは、防集とがけ近であればだれでも適用されます。今日の報告では、一番よく使われている防集とがけ近の2つの制度を中心にお話しします。

この2つの制度は、決められた区域内に5戸以上まとまって行政が作った造成地に移転するという防集と各自で移転先を確保するがけ近と

住宅再建の選択肢

災害危険区域（2012年12月1日指定）

	防集	がけ近	市独自
移転先	自治体造成の防集団地（5戸以上）	各自（移転先は自由）	各自（2012年12月1日以前の再建）
引越助成	～78万円		×
ローン助成	～722万7千円		改修～30万円 新築～60万円
従前地買取		◎	

市報いしのまき（2013）より作成

いう違いがあります。その違いによって、それぞれメリット、デメリットがあります。防集のメリットとしては、もともとあった集落から同じところに移転するので地域社会の維持にはプラスになります。一方デメリットとして、5戸以上集まって、どこに移転するのか、住宅団地をどういう形に作るのかなど合意形成に時間がかかるし、新たな宅地の造成にも時間がかかります。がけ近の方ですが、各自で移転先をどう見つけて買うこともなっているところを各自で見つけて買うことも可能です。早期に移転することも可能なわけです。さらに、北上町に残らなくてもいいので、人によってはメリットを決めますので地域社会を維持するのは困難になります。一方で、一人一人の家族がそれぞれ自由に移転先、移転時期を決めますので地域社会を維持するのは困難になります。

次に北上町においてこの制度がどのように展開していったのかお話しします。2011年3月11日に東日本大震災が発生し、その年の春から夏にかけて防集が模索され、話し合いが始まりました。その中で議論されたのは、集落ごとに一対一で移転するのではなく、十三浜地区なら13の集落があったのですがそれが13の高台に移転するのではなく、いくつかにまとまって移転する形になりました。同じ集落でもある人は別のところに、ある人は違うところに移転するようなことが起きたり、一つの新しい団地にいろいろな集落の人がまとまって住むということが起きています。制度を受ける前提となる災害危険区域に指定されたのが2012年12月のことです。区域は津波の被災地とほぼ同一で広範囲に指定されました。同時に、それまで石巻市で利用できる制度は防集だけという市の方針だったのですが、方針が変わり、2012年12月からがけ近も利用できるということで同時に受け付けも始まりました。2014年7月になって初めて防集団地の引き渡しが行われたところがあります。

高台移転をめぐっていろいろな問題が起きてきました。今日は、4つの点をお話しします。1つは、詳しい内容は後で説明しますが防集における100坪の制限の問題です。次に、災害危険区域に指定されたのですが、実は災害危険区域に指定されている中で住宅を修繕して住んでいる人たちがいました。これが、災害危険区域内での修繕居住者の問題です。そして、がけ近という制度が始まったことで、防集を選ぶのかがけ近を選ぶのかという制度の選択の問題が起

16

第2報告　高台移転の制度と住民の時間

きました。最後に、それを全体として判断する各家庭の選択について考えます。

まず、100坪の制限の問題です。防集の制度を利用する場合、新しい宅地を行政が造成します。その宅地には1戸当たりの坪数の制限があります。それが、100坪です。都会であれば広いと思いますが、漁業者であれば自宅近くに倉庫や作業場が必要になり、200坪、300坪欲しいという声がありました。被災前は実際にそのくらいの広さの家を持っていたわけです。行政はそれに対応するために、世帯分離と言って今まで親子で2世帯で暮らしていたのを、親世帯と子世帯を分けて別々の世帯として2つの区画を取るという方法を示し、一部解決した部分もあります。それまでは、最大のネックが100坪の問題でした。しかし、一部には親世帯がいないなど世帯分離ができない人たちもいて自力再建をしていくしかないということが起きています。また、世帯分離して2区画を確保するとそれぞれの区画で住宅を建てなければなりません。二世帯住宅をどちらかに作れればいいとはなりません。1つは倉庫兼住宅のようなものを作るとして、住宅として認められるにはどういうものが必要なのか今は悩みの種になっています。

2つ目の問題は災害危険区域内での修繕居住者の問題です。一部で例えば2階建ての家で、1階は津波の被害をあったけれども2階はなんとか被害を免れた家があります。そうした家を震災直後にかなりのお金をかけて修繕し住み直した人がいます。ところが、2012年12月になって災害危険区域に指定され、今後建て直したり改築できませんでした。そこに暮らし続けようという気持ちを持っていたのですが、突然住み続けることが実質できなくなってしまったわけです。2013年以降とても混乱し、大きな不安を抱えていました。ではいくらで買い取るのか具体的な金額が提示され、その金額であれば修繕費用などを清算して別のところに移転することも経済的に可能であることが見えてきて、行政は災害危険区域内の土地や家屋を買い取ると言っていました。ではどうするのか、防集の修繕居住者の人たちもいろいろな制度を利用して自宅をどこかに移転しなければならないということを考え始めます。防集による高台移転の議論が始まった2011年当時は修繕して自宅に住んでいますので、防集に参加するということは考えません。ところが、災害危険区域に指定されて初めてどこかに移転しなければならないということを考え始めます。防集による高

17

台移転の話は震災から２年経ってどんどん話は進んでいます。そこに後から加わることもできない。個別で移転先を選択できるがけ近を利用する家庭が多くなります。一方で、土地と家屋の両方を買ってもらえるので行政からの補償は大きいわけです。もちろん、修繕にお金がかかって二重ローンになっている人もいる中で住宅再建を迫られているわけなのですが、多くの補償を貰っている、その上で早く移転できることに関して住民の中に不公平感や難しい感情が生まれています。

３つ目の問題です。防集を使うのかがけ近を選択するのかという問題です。防集の１つで石巻市は進んでできました。それ以後、がけ近も選択可能になりました。防集でみんなでがけ近をここに住もうとなっていたのが、同じような補助を受けて自由に場所を移れるということになると、防集をやめてがけ近を利用しようという人も出てきます。一気に他に行ってしまい「非常に残念な制度だ」という声を防集に残る人から聞くことができます。

こうしたどこに移転するのかという選択は各家庭に委ねられています。多くの選択肢の中で、例えば職業、年齢、子どもの教育環境などがどこに住むかを決める大事な条件です。北上町は、震災以前から過疎地域に指定されていた地域で職場がない、高校がないということがあります。石巻中心部に通勤や通学する人がいました。新たに住宅を再建することを白紙で考えたときに、北上町から出るということも選択肢に上がってしまう状況があります。「自分の歳と家内の病気のことなどいろいろな条件を改善していくために各家庭で制度を利用している側面があります。子どもたちが北上町の中学校や小学校に通っているので卒業するまでは待とうということもあります。自分たちは出ることを仕方がないと考えていたが、孫たちが戻ってきた、などいろいろなパターンがあります。息子の職場が石巻中心部なので近くに移転したという選択をした人もいます。１つの集落が複数の移転地に分かれたり、複数の集落が合流して新しい高台の移転地が造成されるといった地域社会の再編が伴います。次にいくつかのポイントを示します。１つは、高台移転はただ建物を建てるということではなく、

18

第2報告　高台移転の制度と住民の時間

制度・地域社会・家族の時間

地域社会の維持 ― 制度 ― 家族の選択

2015年度末
集中復興期間

に、住宅再建は高台移転だけではなく、がけ近という制度を使って個人で自由な場所を選択できるようになっています。地域社会の維持にはマイナスになっています。住宅を喪失して住宅をどこに再建するのか居住場所の選択を迫られたときに、職場や病院、教育のことなどこれまでもあった問題が顕在化しています。

最初にお見せした地域社会の維持、家族の選択、制度の3つの視点であらためて整理します。100坪の制限の問題では、100坪に制限されていることは十三浜地区の生業とは適していないので地域社会の維持にも合いません。それぞれ対立します。防集かがけ近かということで考えても、防集だけの場合では地域社会の維持と制度は適合するかもしれません。がけ近という制度が出てくると選択肢が増えるという意味ではメリットがあります。ですが、地域社会の維持という点で対立する制度になってしまいますし、家族の選択と地域社会の維持も対立してしまいます。

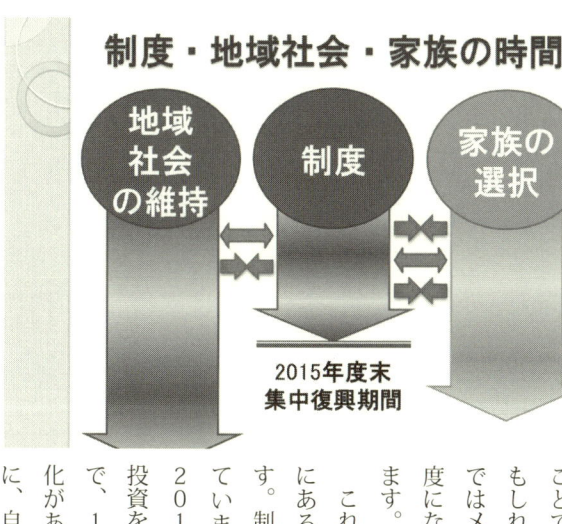

これまでは、平面的に見てきたのですが、全ての項目がいつも同じ状況にあるというわけではありません。それぞれ大きく状況が変わっています。制度の内容も変わっていますし、地域社会や家族の状況も変わってきています。時間の流れも考える必要があります。制度に関していえば2015年度末までが集中復興期間とされています。そこまでに集中的に投資をして復興を進めようとされています。かなり短い時間です。その中で、100坪の制限の問題が出てきたり、がけ近が出てきたりと制度の変化があるわけです。家族は、2015年度末ということにはとらわれずに、自分たちがどこに住むのか、子どもたちがどこに住むのかということ

19

を十数年くらいの少し長い期間で家族の時間を考えています。地域社会のことを考えれば、一つの家族だけではなくてその子どもの家族などかなり長い時間で考える必要があります。

この時間の中で、100坪の問題では最初は家族の選択と地域社会の維持と対立しました。うまくいくかどうかも問題が時間の中で変わってきなんとかなるかなとなってきました。最近になって100坪でそれぞれ住宅を作る余力はないという問題が出てきて、世帯分離という方法もでなんとかなるかなとなってきています。防集かがけ近かという問題では十分ではなかったということが明らかになっています。だけれども、防集だけのときは制度と地域社会の維持で考えていたのですが、がけ近が出てきて対応してしまう。だけども、制度と家族の選択の間で考えると、防集だけでは家族の選択は狭まってしまいますが、がけ近も出てくることで家族にとっては制度がより使いやすいものになります。うまくいっている部分とうまくいっていない部分が時間によってもどんどん揺れ動いて変わっていくということがこの3年半の実態だったと思います。

こうした問題を考えてみると、制度自体に対しては、がけ近を新たに加えたり100坪の問題で世帯分離したりというう実情に合った制度を作っていき、運用していくことは必須のことだと思います。ですが、地域社会を維持することと家族にいろいろな選択肢を提示していくことの両方を満たしていくことは困難です。段階的に、問題が出てきたら制度を改善していくことはいいことではあるのですが、一方で改善する以前にその制度の利用をあきらめてしまった人もいます。こういう制度があリますよ、現在このくらい進段階的な改善が逆に不公平感を生むという難しい問題もあリます。また、こういう制度があリますよ、現在このくらい進んでいますよということがきちんと住民に伝わっていないことも問題です。制度の改善と同時にもう一つ重要なのは、丁寧な広報になりまず。北上町では復興応援隊が毎月「かわらばん」というものを発行していて、そこで高台移転はどこどの段階にあるのか丁寧に載せていますし、制度の説明もしています。こういった行政が用意するパンフレットだけではない、丁寧な情報伝達が重要です。

地域社会の維持を考えると、こういう制度があれば地域社会がうまくいくということではありません。北上町では住民

第2報告　高台移転の制度と住民の時間

主導で合意形成が進んでいます。この住民主導であることが重要なポイントです。契約講といった地域にもともとある組織が高台移転にリーダーシップを発揮しました。北上町で最大の高台移転では住民主導でワークショップが開催されています。その中で、他の先進的な事例を視察するバスツアーを行って参加者がお互いに交流し、地域住民が新しいつながりを作っていくことも地域社会を維持していく、他の場所に移転していく人を引き留める重要な役割を果たしていると思います。もう一つは、高台移転そのものに関係するわけではありませんが、神楽やお神輿がずっと行われてきました。それが復活することで、そこに住む人びとの一体感や地域とのつながりを取り戻していくことになります。それが、すぐに何かに結びつくわけではないですが、重要なポイントだと思います。

家族の選択を考えると、修繕居住者がいる集落でも支援団体を利用してお茶っこという茶話会を何度か開いて住民同士のコミュニケーションを取って、誰がどこに移転するということをお互いに知りつつ実際の移転は個別に移転していくという集落の一体性を保ちながら進めていくということがありました。また、集団移転に参加する人は漁業や農業をやっているという北上町に暮らさなければならない必然性がある人が多いわけです。生業の復興も家族の選択を考える上で重要です。

つまり、高台移転、住宅再建を考える場合にただ高台に宅地を作って家を建てればいいということではなく、地域の人びととのつながり、そこで仕事をして暮らしていくという人びとの生活全体について、当たり前のことなのですがあらためて考えなければいけないことを再確認したいと思います。

第 3 報告

震災後の地域農業の展開にみる生業復興の構造

宮内　泰介（北海道大学）・黒田　暁（長崎大学）

ピンチヒッターで急きょ報告するので、うまくできるか分かりませんが報告したいと思います。今日の報告は、震災後の地域農業の展開を考えていきたいと思います。まずは、震災前の農業がどうだったのか、震災後どういう展開がなされていたのかをお話しします。その後、震災後の展開を考える時の構造的な課題をもともと持っていたことを背景としてお話しします。最後にまとめをいたします。

今、平川から住まいに関する報告がありました。住まいの再建というのは今、北上町の人たちにとって一番大きな焦点になっています。しかし同時に生業、産業の部分も非常に大きいのです。北上町でいうと漁業と農業が中心となります。北上町はそれ以外にも石巻中心部へ勤めに出るサラリーマン層も多いのですが、地域の中の基幹産業として漁業、それについで農業があります。農業も非常に大事になります。北上町は先ほどから話がありますように 2 つの地区からなっていまして、漁業が中心の十三浜地区と内陸側の農業が中心の橋浦地区があります。農業の話は主に橋浦地区の話になります。ただ、もともと橋浦地区の農地を十三浜地区の人たちも

宮内泰介氏

22

第3報告　震災後の地域農業の展開にみる生業復興の構造

震災前の農業の概況：橋浦地区の農業

総戸数	457
農家数	123
農業従事者数	298
水田面積	171ha（畑は約24ha） 北上町全体316ha（畑は約43ha）
水稲作受託作業農家数	15

北上町橋浦地区農業の概況
（2010年時点、「集落カード」より）

- 北上川沿いの低湿地帯の新田開拓に苦労した歴史
- 水田・畑作経営所得安定対策(2007)に該当しない所有面積2ha以下の層を多く抱える地域（荒井他、2011）
- 「水田だけで食べていくのは難しかった」ことから、集落ごとに山、川、湿地でさまざまな資源利用を組み合わせて生業複合してきた経緯がある（黒田、2009、2010）

所有して場合によっては耕作もしているというパターンも多かったし、今でもそうなのです。ですので、地区としては橋浦地区の話ですが、北上町全体の話でもあります。

これが、震災前の農業の概況になります。世帯当たりの耕地面積が小さいということが1つ、それから担い手の農家が減っているという話です。これは北上町に限らず日本の農業全体の特徴でもあります。加えて北上町は水田がほとんどです。あと畜産、酪農が若干ありますし野菜などもあるのですが、基本的には稲作になります。では、もともと稲作がものすごく盛んだったかというと、ここはもとは低湿地でしてぐじゅぐじゅなんです。なかなか生産量の高い田んぼを作りにくいところでした。それを圃場整備 2 などで徐々に生産量を高めてきたところです。もともと生産量の高くない、穀倉地帯というわけでもないところをなんとか生産力を高める努力をずっとしてきたところでもあります。しかし、一人当たり耕地面積は小さくてかつ担い手も耕地面積も減ってきているのが震災前の状況でした。

で、震災が起きてしまいました。ほぼ、北上町の農地のほとんどが冠水をしました。冠水をしたというのは、海の水がやってきたわけですから塩が入ってしまって、そのまま農地としては使えない状況になったということです。それだけではなくて、用排水路が損傷しましたし、全体に数十センチ、だいたい70センチとか1メートルですが地盤沈下をしました。そういうことで再建が難しいところの1つになり、担い手たる耕作者、土地所有者自身も被災を受けました。ただし、最初の西城戸からの報告にありましたように、ハード面の復旧は、個別にはいろいろ課題はありますが、比較的早いペースで進みました。もちろん地域の人たちは遅いと感じるこ

23

ともあったかもしれませんが。農地そのものの復旧、つまり土を入れ替えて田んぼができるようにするという作業は、比較的順調に進んでいきました。これは、ほぼ国の制度を使っての復旧になります。瓦礫の撤去、土の入れ替え、除塩という作業をしていて、２０１３年度には北上町の役場としては、「圃場整備事業と組み合わせて順調に復旧が進んでいる」という評価をしています。実は、圃場整備事業が震災前から進んでいて、この事業の延長線上に復旧事業もプラスする形で復旧作業が進められた点もハード面で比較的スムーズに復旧が進められた要因です。ただし、農地が復旧して景観としての田園風景が復活したとしてもそれがただちに北上町の農業の復興、復旧はされたとしても復興を意味するものではない。

それはどういうことかというと、一番大きいのは担い手がすでに少なくなりつつあったし震災でさらに少なくなってしまったということです。ハード面が復旧したとしても担い手が復旧、復興しないということです。高齢で兼業農家が占める割合がもともと大きくなりつつあったのですが、震災でさらに大きくなって水田耕作が不可能になった人びとは比較的若い農業者に耕作を委託せざるをえない状況になっています。個別の経営者がそこから担い手として震災前から登場していたのですが、比較的大きく経営するという経営者が前面に出てくる状況になります。そんな一人のＡさんがこう言っています。「とにかくもう農業には若い人がいないってことでね、それをどこからか連れてこなけりゃならないっていう話だったね。そもそも「集落営農」[3]をやるにも、高齢化が進んで、若い人が出て行ってしまって、同じ年代で農業に取り組む人たちがいないからね」という話です。農業経営をこれまでは基本的には各世帯ごとにやっていたのを、集約化するというのは震災前から進んでいたことなんですが、震災後特にそれが進むという形になります。農地を集積していくということと地域ぐるみの営農体制を構築することの双方を目指した「集落営農」は、実際には少数の個別経営者の「担い手」と「農業生産法人」[4]のような協同組織に耕作の委託をするというのがほとんどになります。現在の北上町の農地のほとんどは、この個別の大型の経営をする人ないし農業生産法人が耕す田んぼになっています。小さな規模でやっている人はほとんどいません。もともとこういう流れは震災前からあったのですが、その緩やか

第3報告　震災後の地域農業の展開にみる生業復興の構造

な地域農業の構造の変化というものが震災によってさらにスピードアップしたということになります。津波による冠水で営農に必要な生産基盤が軒並み大きな打撃を受けた上に、数字上は明らかになっていないのですが、個別農家における農業機械、施設などの流出被害が甚大であったということがあります。農業生産法人Bのメンバーの話ですが、「トラクター6台とコンバイン3台がすべてダメになったときは、もう解散するかという話もでた。個人の場合、機械購入の補助を受けるためには10人ぐらいでグループを組まないといけないで、すでに農業組合法人であったので補助を受けることができ、助かった」と。要するに法人化していたがゆえに、補助金を受けられてなんとかサバイブできたという話です。ということで、ますます農業生産法人などに集約化していくことが進んでいきます。ですが、個別経営者や農業生産法人にとっては、耕作面積を増やすことはただちに収益の増加や生産の効率化にはつながりません。まずは、適正な経営規模の実現や安定経営を目指すからとも、規模を大きくしたからといってすごく収益が上がるというわけでもない。ただし、集約せざるをえないという状況だということです。震災により、もともと地域が抱えていた高齢化や農業離れの構図や構造的課題に拍車がかかり時計の針が加速した。その中で「震災後」をめぐる農業存続へ図られた対応とはなんだろうかということです。

4つのケースを取り上げます。この4つのケースが北上町における集団農業のほぼ全てです。1つ目は、法人化はしていなくて個人で手広くやっているAさんです。この方は1998年、お父様が農業ができなくなったということで引き継いで農業を始めます。その時は、それほど手広くやっていたわけではないのですが、徐々に広げていき、手広くやるようになるとまたいろいろな人からじゃあやってよと生産委託を頼まれるということでどんどん広げていく形になります。しかし、1回震災で小さくなり、復旧が進むとまた広くなり、今では頼まれてもそれ以上はできませんと断らざるをえないようなところまで広げています。耕作委託の内容としては、72戸から委託を受けているのですがそのうち20戸は北上町をもう離れてしまって当然自分ではできないという人たちです。集約化といっても1か所にあるわけではなく結構離れたところにあったりします。なかなか大変なんですが、そういうこと

25

をやっています。震災後の展開です。この人は、個別経営の「地域農業の担い手」だったのですが、震災直後は助成金が取りづらかったと言っています。「水田の復旧が進んでいるが、そのときに誰が水田を担うのか。受託面積が増えていくと手が回りきらなくなり、苦しくもなるが、自分たちは地域の農業を助けたいという気持ちでやっている」。集約化をして成功したという単純な図式でもないのです。集約化をせざるをえない、本人もやる気があるのでやっているのだけれども、しかしそこには農地があちこちにあるだとか、制度的な補助を受けられないとかいろいろな壁もあり、つ、これしかないということでやっていると、単に広げていって大きくするのではない努力もしています。このあたりに少し光があるかなという感じがします。

それから2つ農業生産法人の事例をお話します。1つは震災前からあった農事組合法人で、もう1つは震災後に生まれた農事組合法人Bです。3名ないし最大4名でやっています。1つ目の農事組合法人は震災前は最大50haやっていたけれども、一旦それが小さくなってまた復旧が進むにつれ大きくなったということです。震災前から農事組合法人を設立していたので農業機械購入の補助を受けることができた。冬季にはビニールハウスでツボミナなどの野菜栽培を行い市場に出して通年化を図るということをやっています。代表の方はこう言っています。「今ある面積は集約してやるしかない。国の方針でそうしようという姿勢なんだから、従わねばならない。もう少し面積を広げていく。しかしただ広げればいいのではない。採算がとれるように、工夫せねばならない。集積させて大きくつながっていかねばな

震災後の地域農業の展開（ケース1）

個別経営農家Aさん	
メンバー	Aさん（現在51歳）の家族4名
設立	Aさん1998年就農　2014年株式会社設立
耕作面積の推移	父親から受け継ぐ1998年 0.7ha⇒2000年代に入ると耕作を引き継ぐように⇒2011年（震災直前）約20ha⇒ほぼすべての面積分が津波により冠水⇒2012年約20haまで回復⇒2013年倍増し、72戸43haが集中
耕作委託の内容	委託72戸のうち20戸ほどは北上町を離れた。耕作委託されている水田面積の多くは1戸あたり0.1ha未満、最大で2.6ha
震災後の展開	個別経営の「地域農業の担い手」だが、震災直後は助成金が取りづらかった。水田の復旧が進んでいるが、そのときに誰が水田を担うのか。受託面積が増えていくと手が回りきらなくなり、苦しくもなるが、自分たちは地域の農業を助けたいという気持ちでやっている

ただの「農業」ではなく、さまざまな仕事に通じる「百姓」をやりたかった。加工や六次産業を視野にいれていたが、震災で、やろうとしていたことが途切れてしまい、そのときは1回、気持ちも切れてしまった（Aさん）

第３報告　震災後の地域農業の展開にみる生業復興の構造

らない」。

次は震災後に設立された農事組合法人です。もともと任意の組合で農業をしていて、それが震災後耕作委託を受けるようになったので法人を立ち上げて、それによって機械の購入の補助も受けて、現在約25ヘクタールくらいという広い面積をやっています。震災後の展開としては、震災直後に機械を導入しようと補助を申請したときには、水田の面積や規模が条件を満たしていないと却下された。苗づくりの後、ビニールハウスでモロヘイヤやチヂミナ、ツボミナなどの葉物野菜を栽培しています。代表の方は、こう言っています。「これからいかに軌道に乗せていくか。コストを下げて利益を上げるためにはある程度大規模にしないと。最終的には40ヘクタール以上やらないといけない」。

最後のケースです。このケースはこれから始めようとしているものです。新しい動きとして注目されるものです。これは水田ではなく、大規模なハウス農業です。オランダで行われている最新型の農業を導入することで大規模に野菜、ここではトマトやパプリカですが、コンピューターを駆使して生産管理をして栽培していくやり方です。担い手の方は、もともと農業とは特に関係なく地元のヨシ業者です[6]。地元にヨシが生えていますのでそれを刈り取って売るという仕事をずっとやってきた人です。今もその仕事はやっているのですが、地域の復興ということを考えてこういうことを導入しないといけない、それで地域の雇用を生みたいという思いで始めようとしています。代表の方はこう言っています。「この地域は水田だけでやっていけるのかというのが昔から気になっていた。もっと効率的に、年間収入が計算できるような形を考えなければならない。その成功モデルを地域で作りたい」。今後これがどうなるのか注目されるところです。

ということで、震災後の地域農業の展開を見てきました。ケース1は、担い手農家が担うことができる限界もあるし、またそれを維持することの難しさ、課題が見えました。ケース2、3の農業生産法人の場合では急速な農地集積に対して適正規模の形成が課題となっています。ケース4は、これからですので課題もこれから出てくると思いますが、地域農業の担い手が少なくなったので、大規模にやる個地域の農業の新たな軸の構築を目指す試みが行われています。

まとめ：生業復興の構造とそのゆくえ

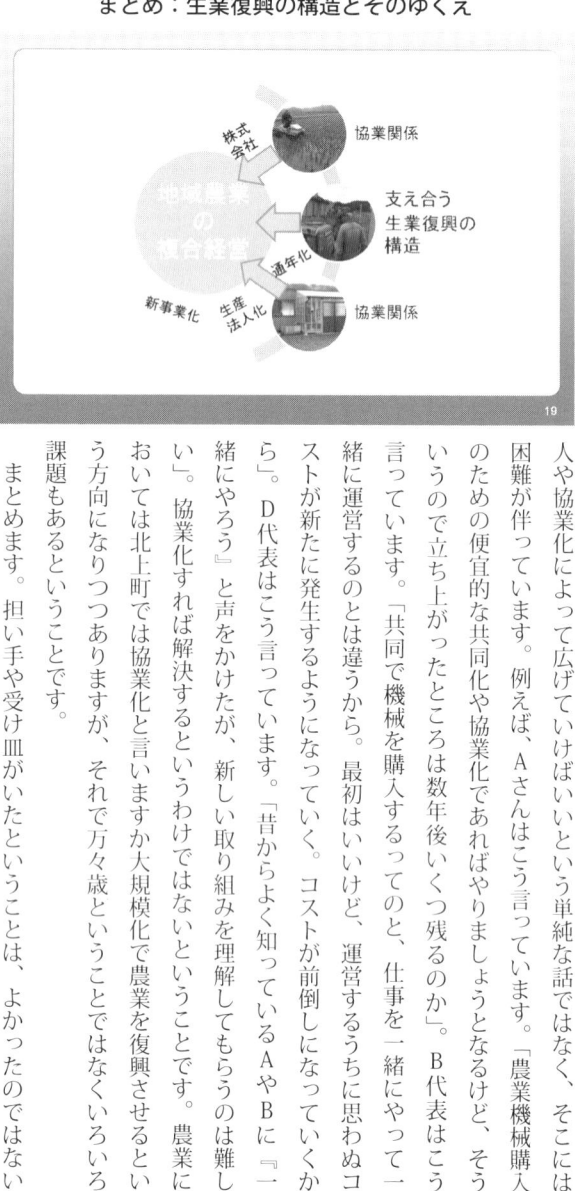

人や協業化によって広げていけばいいという単純な話ではなく、そこには困難が伴っています。例えば、Aさんはこう言っています。「農業機械購入のための便宜的な共同化や協業化であればやりましょうとなるけど、そういうので立ち上がったところは数年後いくつ残るのか」。B代表はこう言っています。「共同で機械を購入するってのと、仕事を一緒にやって一緒に運営するのとは違うから。最初はいいけど、運営するうちに思わぬコストが新たに発生するようになっていく。コストが前倒しになっていくから」。D代表はこう言っています。「昔からよく知っているAやBに『一緒にやろう』と声をかけたが、新しい取り組みを理解してもらうのは難しい」。協業化すれば解決するというわけではないということです。農業においては北上町では協業化といいますか大規模化で農業を復興させるという方向になりつつありますが、それで万々歳ということではなくいろいろ課題もあるということです。

まとめます。担い手や受け皿がいたということは、よかったのではないかと思います。やる人たちがいなければ、北上町の農地は放っておかれたかなと思います。それをなんとかやろうとするもともとやっていた人たちがいたということは率直に評価できるところだと思います。また、さきほどの4つのケースのうち最初の3つはそれぞれ別個に経営しているのですが結構お互いに融通し合っているところがあります。C代表はこう言っています。「法人化は数年でやめるという感じではない。協業化はただの手段ではないし、デメリットはないと考えている。基本的には後継者のいない農業だが、そういう皆で手を組んでいけば、なんとかこの状況をしのげるのではないか」。実際にAさんの2人の息子さんという後継者

およびCのメンバーが法人Bの耕作作業を手伝うということもやっています。このような個別の協業化とお互いの支え合いを今進めているということも注目してもいい点だと思います。北上町でこれから農業がどういうふうに進んでいくかは、ずっと見ていきたいと思っています。今、これがいい方向に進んでいるのかどうかはなかなか判断がつきにくいところがありますが、とりあえずは今地域農業が協業化という形を中心に進められようとしているところを見て、今後も注目していきたいと思います。

1 本報告は、黒田が行う予定であったが、当日、体調不良により黒田が参加できず、宮内が代わりに報告した。
2 農作業の効率化、大規模化を進めるために、水田の大区画化と農道・用排水路の整備を行う国の事業。
3 集落を単位として、農業生産の全部または一部を共同で行うこと。
4 農業を営む法人で、農地を取得できる一定の要件を満たしたもの。農事組合法人や株式会社などがある。
5 農家によって構成される農作業の共同化や施設の共同利用を図る法人。
6 北上川河口地域のヨシ業について詳しくは、東日本大震災前に刊行した『[聞き書き] 北上川河口地域の人と暮らし―宮城県石巻市北上町に生きる』北海道大学大学院文学研究科宮内泰介研究室編、2007年を参照。

第4報告

漁業復興における協業化の意義と役割

髙﨑　優子（北海道大学）

　漁業の話をさせていただきます。私は協業化ということをキーワードに考えていきたいと思います。報告の流れですが、まず背景と目的です。次からは選択という視点から復興の過程を見ていきたいと思います。次に協業化という選択の意義と役割について考えて、最後にまとめと今後の課題を考えています。

　まず、この報告の目的です。北上町の十三浜地区という、主に漁業を生業としている地区を事例にしまして、復興を人びとの選択の過程と見て漁業復興における協業化の意義と役割を考えます。なぜ協業化を取り上げるのかというと、震災後、漁業の協業化というのは論点の1つとなりました。それは、実際に各地で協業化の実践がみられるようになったということ、そして漁業復興の柱の1つとして政策的支援がなされてきたということ。更に協業化推進の議論が識者の間で大変活発になったということがあります。

　協業化のはっきりした定義はないのですが、漁業の生産過程において、複数漁家がなんらかの作業や設備を共同して利用したり作業したりすることを指します。協

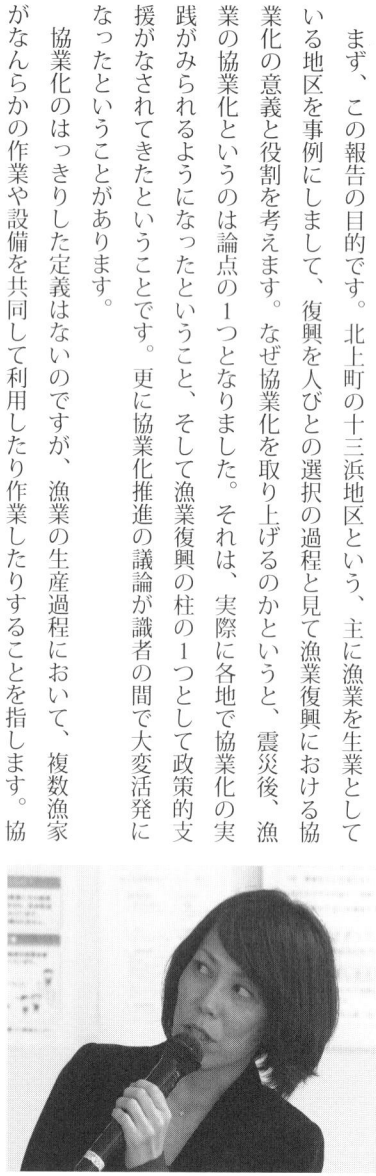

髙﨑優子氏

30

第4報　漁業復興における協業化の意義と役割

旧北上町十三浜地区について

Miyagi / sendai

2007年に県下31漁協が合併。十三浜は「北上町十三浜漁業共同組合」から「宮城県漁協北上町十三浜支所」に

1960年代中頃より開始されたワカメ養殖を中心に、コンブ、ホタテなどを組み合わせた海面養殖業が盛んな地域、主に世帯単位で漁業が営まれてきた。

業化のメリットなんですが、これまで言われているのは経営の合理化や労務負担の軽減、販売体制の改善、漁場利用の適正化の実現などが挙げられています。けれども、もともと沿岸漁業は、共通の魚場を利用し合意の上での秩序を形成しながら、各々がその知識と経験、技術を深めることによって発展してきたという経緯があります。漁業者各々の個性にもとづく操業の方がより望ましい選択である場合も多いのです。なので、これまで政策的にも実際の現場でも協業化はそれほど積極的に推進されてこなかったわけです。

では、なぜこれが復興の柱として取りあげられることになったのかですが、背景には震災からの創造的復興論、漁業においては水産復興論と呼ばれるものがあります。これは大変勢いのいいキャッチフレーズでして、「復旧」より「復興」を、ということが唱えられています。なので、漁業の場合、震災を機に震災以前より国内の沿岸漁業がすでに危機的な状況にある。なので、震災を機により高収益的な産業を目指すべきだというような議論がなされています。その中で、漁業復興の柱として挙げられているものの中に協業化も入ってきます。こうした創造的復興論を基盤とした復興予算の中にも、協業化を推進するような政策メニューが整えられているわけです。

あらためて本報告の視点ですが、復興が選択の過程であると捉えていきたいと思います。北上町に通わせていただいて思うのですが、復興への答えというのは当然一つではないわけです。みなさんは目の前にある選択肢の中から自らの解を選び取りつつ、復興への歩みを進めていらっしゃいます。そしてその選択を左右する背景の一つに政策があります。政策決定者たちのいわゆる「べき論」が、人びとの選択を強力に誘導するのです。なので、なぜそれを選んで、なぜそれを選ばなかったのかを考えることが復興を考える上で一つの大きなポ

31

イントとなるだろうと考えます。

まず、北上町十三浜地区について少し説明いたします。海沿いが十三浜地区になります。1960年代中ごろより開始されたワカメ養殖を中心に、コンブやホタテを組み合わせた養殖業が大変盛んな地域です。主に世帯単位で漁業が営まれてきています。2007年に宮城県は31漁協が合併していきます。十三浜地区では、単体の十三浜漁協から宮城県漁協北上町十三浜支所と位置づけられることになります。合併前は黒字経営が続いていました。合併の余波が復興の過程においても現れることになるのですが、後でお話しします。漁業被害ですが、ワカメの出荷の最盛期目前の被災でした。地区内の8漁港すべてが損壊、地盤沈下し、支所所属の漁船387艘のほとんどが流失しました。漁具、漁網、養殖施設、漁船など、生産基盤の大半が流失しました。沖出しで助かった船もあります。ご家族や親族を亡くされた方も多くいらっしゃいまして、漁業という視点から見ても壊滅的な被害を受けた地区です。数字を見ると、組合員数は実はそんなに減っていないんです。こちらで震災をきっかけに廃業した方の多くは高齢者の方で、ほとんどの方が漁業の継続を選択した地域でもあります。ワカメを中心に現在復興が進んでいるのですが、ホタテは設備費が高額なので復興は遅れ気味になっています。収益の回復は5、6割にとどまっています。いまだ復興の途上にあるわけです。

では、十三浜地区で実際に協業化というのはどのように行われてきたのかを見たいと思います。まず、「スタートを揃える」という意味で、被害差をならすための初期協業化というものが行われました。こちらの協業化が選ばれた理由ですが、漁業者間の被害差をならし、全員が漁業再開に向けて同時スタートを切るため、と説明されています。内容で

十三浜地区の漁業復興状況

宮城県漁協北上町十三浜支所提供資料より作成

組合員数

年	正組合員	準組合員	計
2010	149	157	306
2011	127	179	306
2012	117	183	300
2013	118	178	296
増減	-31	21	-10

養殖者数

年	養殖者数
2010	94
2011	77
2012	78
2013	77
増減	-17

漁船数

震災前	387
2014.3	275
増減	-112
共同利用船	167
共同利用船利用率	61%

養殖本数

年	わかめ	こんぶ	こんぶ(中)	ほや	かき	合計
2010	1,739	247	0	629	9	34	2,658
2011	1,446	338	0	25	2	1	1,812
2012	1,705	391	56	124	33	7	2,316
2013	1,674	346	103	124	29	7	2,285

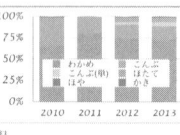

✓ 廃業者の多くは高齢者であり、ほとんどの漁民が漁業継続を選択
　（転出が相次ぐ十三浜地域の存続の基盤にも）
✓ 単年収穫のワカメの回復が早く設備費が高額なホタテが遅れる
✓ 収益回復の遅れは原発事故による影響が大きいとの認識も

いまだ復興の途上

第4報告　漁業復興における協業化の意義と役割

すが、流出せずに残った船を支所が借り上げて、全船を8漁港の瓦礫撤去作業に割り当てました。集落ごとのリーダー的な組合員に伝達して、当日の作業の依頼をしました。こちらは、本日もいらしてくださいましたが当時十三浜支所の運営委員長をなさっていた佐藤清吾さんの強いリーダーシップによるものでした。「漁業者の間でも被害の大きさに差があり、すぐに再開できる人は再開したいと、当初は全体で足並みがそろわなかった。それは絶対にダメだ。同時スタートでなければダメだと許さなかった。持っている船は、全体の復活のための作業に提供させるということにした」と佐藤さんから伺いました。

次に政策的支援を受けるための協業化が行われます。政府の支援事業を利用して漁具や漁船、設備などを復旧させる条件には複数漁業者による共同利用がありました。主に共同利用漁船等復旧支援対策事業[1]、こちらを利用するための協業化が行われました。組合員の3名から5名を1つのグループにして、制度申請しました。支所が調整したほか、自発的に組んだグループもありました。ただしここがポイントなのですが、ほとんどが実質的な協業化を伴わず名目的な協業化で終わっています。むしろ、混乱期における制度利用の困難さ、漁協合併の弊害が顕著に表れるわけです。支所自体も被災しています。合併の影響で情報は、宮城県漁協があってそして十三浜支所に下りてくるというステップを踏みます。そのため情報伝達が大変遅れました。そして制度利用にはかなり煩雑な書類を作成しないといけない。しかも審査も当初はかなり厳密でした。必ずしも使い勝手のいい効果を発揮できるような体制ではなかったということが指摘されています。情報が下りてきてから締め切りまでに3日しかないという極端な場合もありました。浜の方がおっしゃるには、最初から3割は諦めて、残りの2割は審査ではねられて、結局半分しかやれないという話もありました。まずは自分たちで資金を用意して買って、後から補助金が来るという形だったので、被災直後には過重な負担となっていました。これは制度によって少し違うのですが、当初導入された共同利用船は補助金が後払い方式でした。現在、十三浜地区では3つのグループが誕生しています。

次に漁業者自身による協業化を見ていきたいと思います。

33

3つともそれぞれの理由があり、それぞれ違う形態を取りながら協業化を展開しています。まず、LLPという形態を利用しているHJの場合は、ホタテ養殖を中心にしていた方がリーダーです。ホタテ養殖というのは最初の設備投資額が非常に大きい。それで、そのホタテを再開するために協業化を選択したとおっしゃっていました。「痛みが少なくなるように組んでやろう」「グループでやる方が補助金を受けやすい」ということをおっしゃっていました。HJは、4名の漁業者による協業化です。同じ集落の方が2名、あと2名はそれぞれ別の集落です。親戚や友人関係にあります。確かに震災後結成されたグループなのですが、震災後に急に協業化したわけではなく、震災前から互いの作業を手伝ったりする関係にあったということです。HJの場合は、あくまでも各々が自立するまでの期限付きの集まりだということがメンバーの中で合意が取れていまして、船、荷揚げ場、家、そして作業場が揃うことが自立だということでした。

LLPは2017年に解散を予定しています。

次に株式会社USの場合です。なぜ組んだのですか、とお聞きしたとき、「世帯、親子による操業が中心であった十三浜で、それぞれの事情により全員が1人操業をせざるをえない状況にあった。それが共通の基盤だった」とおっしゃっていました。もともと震災前からやむをえない事情で1人で操業していた方、震災を機に一緒にやられていたお父さまを亡くされたメンバーや、親戚、友人関係など、お互いに1人でやらないといけない状況だったということです。30代から50代のメンバーですが、親戚、友人関係からなっています。どうしてこのメンバーからなったのかということですが、「最初から何も関係なかった。義理の弟だったり、義理の弟ともう1人が本当に仲がいいんだ。もう1人もうちの親戚だし」と言うことでした。始めたときに、このメンバーで組むことには不安はなかったそうです。民間ファンドから助成を受ける過程で、法人化しないと審査を通りにくいという状況もあって2012年8月に法人化に踏み切りました。先ほどのHJと違い、こちらは今やっている全ての漁業種を協業化しています。協業化した後で始めた新しい漁業種もあります。

今後は六次化[3]をしたいということです。継続的にやっていくということで、後継者という面で新しい人を入れてもいいという話です。

第4報告　漁業復興における協業化の意義と役割

「差」と秩序　初期協業化について

「被害差をならす」とはどういうことか

浜の秩序
平素より漁業者間には「差」は存在する
- しかしそれは技術や技量に基づいた、いわば理由のある「差」
- 理由がある＝納得できる・・・平等性ではなく公平性の重視
- 「差」から生まれる互いの向上心、競争心が浜を発展させてきた

浜の秩序の危機
震災によって生じた被害「差」
- 運による差、すなわち理由のない「差」
- この「差」を持ち越せば将来的禍根を残しかねない

平素より存在する浜の秩序にのっとり、その危機を回避するための「選択」

次にHTという漁業生産組合[4]という組織です。こちらは船舶流失を逃れた方が、流失した方に船舶の共同利用の声をかけたことから始まったということです。「かわいそうだったのね。家もないし困ってると聞いたからね」ということで声をかけて、それからメンバーが広がっていって、今HTというグループになっています。こちらは5家族13名からなるのですが、特徴として親子が何組かこの中にいます。世帯間には血縁関係はなく、地縁関係が基盤だということです。1人だけ違う集落の方が入っていて、かつての漁協青年部の研究会活動が大きく影響しています。十三浜地区では1960年代から養殖が定着してきたのですが、その後のホタテやコンブなどの養殖は漁協青年部の研究会が熱心に研究し、地区に定着していったという経緯があります。違う集落の方というのは、そのときに一緒に研究会の活動をしていた方なのです。こちらの協業形態としては漁業種の全てを協業化しています。今後は六次化、独自販路の拡大を積極的に行いたいとのことで、継続的展開を予定しています。

では、これらの協業化についてもう少し考えていきます。最初に行われた、被害差をならす協業化とはどういうことかというと、平素から漁業者間には「差」は存在します。しかしそれは、技術や技量にもとづく、いわば理由のある「差」なわけです。理由があるということは、その差に納得できるということで、平等性ではなく公平性が重視されてきたということです。協業化がこれまで好まれてこなかったという話をしましたが、納得がいく「差」から生まれる競争心や向上心が、浜を発展させてきたわけです。ですが、被災によって浜の秩序に則ってみなさんがやられてきたわけです。被害差というのは運による差なので、理由がないわけです。なぜこの人がこうで、自分がこうじゃないのかということ

35

の説明がつかない、なかなか納得がいかないわけです。そうした中で、震災前の、平素から存在する浜の秩序に則って、その差を持ち越せば浜の中に将来的な禍根を残しかねないということで、この危機を回避するために協業化が選択されたのだと言えます。

次に政策の限界です。なぜ制度的背景を背負った協業化が実態化へと結び付かなかったかということです。話を聞いていると、制度の考える「合理」というものと漁業者が考える「合理」というものが違う、と強く感じます。漁業者には、よく言われるように、根強い個人志向があります。それには、先ほど述べたような理由もありますし、またそれに対する自負もあります。制度がみなさん一緒に効率的にやって漁業を復興させていきましょう、と言っても、例えば漁師さんたちにとっての人というのは、単なる労働力ではないわけです。その方が収益も上がります、と言って、メンバー間には強い信頼関係があったり、密な関係にあります。漁業が世帯で営まれてきたループを見てきましたが、一緒に組む相手も、ある種家族の延長のような存在でなければなりません。集まればなんとかなるということではないのです。共同利用漁船という制度は、大きな被害が出た中でなるべく早期に復興しようという意図があり、それは確かにそうだろうと思います。けれど、お話を聞いてみると漁船は漁業者にとって自己のアイデンティティそのものです。特に漁船は漁業者にとって自己のアイデンティティそのものです。沖出しでみなさんほぼ反射的に行動しています。これが流具ではないということが分かってきます。沖出しの話を聞いていても、「助けられれば助ける」、「自分の身体と同何艘か助かったという話をしましたが、ではないのです。つまり、政策が想定する合理性のみではれたらいくら失くすからとか、復興が遅れるから、とかじ。流されるのはとても悲しいこと」だというような話を多く聞いています。

さて、実際に行われている協業化についてです。これからも続けようとしている方もいるので、それはなぜだろうと考えると、もともと協業化は積極的な選択肢ではなかったわけです。時間軸で話を聞いてみると、最初から、これを機に生産性を向上させるんだとか、協業化のメリットを受けるんだというような、積極的な選択ではなかったと言えます多くの方が協業化に積極的な意義を見出せなかったということです。

36

す。災禍によって生じた困難にもとづく、ある種の「やむをえなさ」を伴った選択であったわけです。協業化を実際にやっていく中で、こんなことがあるとか、協業化したらこんなことができるんだ、というような発見を繰り返しています。当初は勢いのいい選択ではなかったとしても、次第に協業化という選択に、積極的な意義を見出しているのです。やむをえなさの中での選択を、積極的な意欲ある選択へと読み替えていくことで、協業化という選択を復興に向けた持続的な力へと転化していった、そう言えると思います。

まとめに入ります。災禍からの復興の過程で、人びとは絶えず選択をしなければならない状況に陥ります。常に、そして次々に、何かを選ばなければいけない状況になるわけです。しかも、申請期限があったり、制度的なこともあり、時間的制約の中で選択を行わなければならない。普段のようにじっくり考えている余裕も時間もない。その中で、政策決定者や識者と呼ばれる人たちの「べき論」が選択の方向性を差配する。漁業であれば水産復興論のようなものです。災禍の中では、どの選択肢ももとより積極的なものではないわけです。選択の当初は他よりは「まし」だったり「やむをえない」だけなのです。十三浜地区の実践を見ていると、そのような選択を持続的な復興の力へと転化していった方々がいました。もちろん今日紹介した方々だけではなく、他にも多くいらっしゃいます。それは、実践の中での選択の読み替え、違う言い方をすると選択の主体化があったからだと思います。ここから言えることは、制度と制約のもとでの選択の主体化をいかに行うか、自分たち自身で積極的な意味や意欲を引き出していけるかが、生業復興の鍵の一つだということです。

次に、十三浜地区の協業化の背景にあって、かつそれを可能にしたのは、平素から地域に備わる社会的基盤であったわけです。公平性の尊重であったり、従来からの浜の秩序の存在だったりします。また、それぞれの日常のなかから培われた、深いお互いの信頼関係があります。漁業は単なる産業ではなく、有形無形のものから成り立つ生業であることを、あらためて確認する結果となっています。協業化の話をずっとしていますが、協業化だけが唯一解ではないのは当

然で、しかもそれが最適解でもないわけです。十三浜地区の事例を見ていると、協業化したこととそのものが良かったということではなく、協業化が必要だと人びとが選択をしたときにそれを選ぶことができたということが大事だと思います。それを可能にしたのが社会的基盤です。そう考えると、選択の可能性を広げるという意味での、生業であるがゆえの強靭さ、やろうと思ったらやれるということ、その強靭さを断ち切らないような政策的な配慮の重要性が必要だと強く思います。

最後に、多くの方は船はいまだ仮設の方がほとんどです。その中で課題は常に変化していきます。養殖業であれば、海上に出る人と加工など陸上で作業する人が必要なのですが、人口流失によってお手伝いをする方がいない状況にあります。震災を経て、よそに出て行った子どもに漁業を継げと言えなくなったという方もいます。このように課題は常に変化していき、人材不足や後継者の問題が浮かんできて、新しい協業化を目指す動きも出始めています。今後もいくつかいろいろなパターンの協業化が出てくると思います。漁業を産業としてのみ捉える水産復興論に収れんさせてしまうような、協業化の一面的な推進ではなく、人びとの選択の主体化への弊害はどこにあるかを常に検討しながら、協業化がもたらす多面的な意義、役割を見続ける必要がある。現段階ではそのように言えると思います。

1 被災した漁船・漁具を漁業者が早急に復旧させるために共同で利用する漁船・漁具に対して補助する事業。導入された漁船のことを共同利用船と呼ぶ。
2 有限責任事業組合。共同事業を行うための組合で、組合員は出資の範囲内で責任を負う。法人格は持たず、利益は組合員に帰属する。
3 漁業や農業などの第一次産業が、その加工（第二次産業）と販売（第三次産業）までを行うこと。
4 水産業協同組合法に基づく組合で、漁業の生産面とそれに付帯する事業を営む。労働の共同化が主な目的のひとつ。

第5報告 子育て環境の復興と再生における女性の活動

庄司 知恵子(岩手県立大学)・武中 桂(北海道大学)

これまでの報告は、限られた時間の中で制度や政策をどう選択していったらいいのかという状況に置かれた被災地の人の紹介でした。私たちは、制度や政策外の出来事に対してどう地元の人たちが対応してきたのかを提示したいと思います。本報告の流れを確認します。震災復興における女性の位置付けを先行研究をもとに確認します。その中で生活を組み立て直さなければならない役割を担う女性を提示します。この具体的な状況を子育て環境の復興に焦点を当てて見ていきます。事例として子育てサークルCと住民の任意団体Wの代表者の動きに着目します。事例は、これまでの震災復興における女性の位置付けに対する批判を前提として捉えていきます。その上で、震災復興において女性の果たす役割を提示します。

震災復興をめぐる女性の位置づけは、阪神淡路大震災以降議論が行われてきました。東日本大震災においても同様の議論が展開されています。まず、被災直後の避難期には女性の声が届かない、性別役割分業の強化、労働市場からの排除という状況が存在し、それゆえに被災体験は性別によって異なり不利な状況に置か

庄司知恵子氏

れている女性は支援の対象であるという位置付けがされてきました。それが、復興期になると女性は活用の対象であると言われ、問題解決として男女共同参画が言われます。ですが、依然として復興計画の策定や推進のための委員会などにおける女性委員の割合は非常に低く、「女性の軽視」にもつながっていると思われます。

ただ、この現状を考える際にもう少し人びとの動きを捉えていく必要があります。親密圏におけるケアを担わなければならない女性というのは、目の前の問題に対処せざるをえない状況というのは、目の前の問題に対処せざるをえない状況の中で、かかわりたいと思っていてもかかわることのできない状況があったと言えます。それは、女性はケアを機軸とし生活を組み立て直すという役割を担っていたのではないか、それは性別役割分業の強化ともと言われるわけですが、そういう状況の中で女性はどういうふうに動いていたのだろうかという点です。それを子育て環境の復興に焦点を当てて震災から3年半が経った現時点において女性がどんな活動をしてきたのか、そこから女性の役割を捉え直すという作業を本報告では行います。

具体的な事例に入る前に、震災と子育てがどう語られてきたのかを見ていきます。震災が起き、子育てを一手に引き受ける／引き受けざるをえない女性の姿がありました。避難期においては性別を配慮しない形で支援物資が配布されていたことがよく言われています。その中で「女性にとって必要な粉ミルク」[1]という記述があります。粉ミルクは、男性も子育てを担うために必要なものですがこうした言われ方が女性が担っていました。北上町の調査でも聞かれたことですが、避難所で子どもが騒がないように気を使うという役割は女性が担うということです。子育てはいつの世もそれは母親を悩ませるけれども、地震によってさらに平時のゆがみ、構造を女性はどのように乗り切ってきたのか。実質的な支援には親や家族がありました。では、平時、子育てへの無理解、無配慮の平時の状況のゆがみ、構造を女性はどのように乗り切ってきたのか。実質的な支援には親や家族がいます。ところが、震災によって仲の良い友人が亡くなったり、遠くに引越してしまい、これまでに築き上げた関係性を親は再構築しなければなりません。それを引き受けてきたのが女性でした。

40

阪神淡路大震災の復興研究の中で、生活再建課題の7要素が出された研究[2]があります。その中で大きい要素が、「すまい」と「つながり」でした。「すまい」については避難所や仮設、移転先の決定に政策や制度による支援が存在します。ですが、つながりの喪失はその個人にとって誰であってもいいというものではありません。例えば、20代の女性が20代の仲の良い友達を喪った。ここに20代の女性を紹介すればというものではありません。つながりの回復は、生活再建課題のうち制度が対応できない部分です。それを女性がどう対応してきたのか本報告では注目していきたいと思います。

あらためて、なぜ女性に注目する必要があるか考えます。そこには女性に限定されない普遍的な意味があると考えられます。子育てにしても介護にしても決して女性だけが担うべきものでもないし、女性だけが担っているものでもありません。女性の視点に焦点を当てることは、父子家庭や男性介護者、非常時における共働きの世帯で現場を離れることができない職業の夫婦などにも焦点を当てることを意味します。かかわりたくてもかかわれない、「身軽?な人」[3]ではない人たちをどう支援に結び付けていくか、制度や政策のルートにどう乗せていくのかということのヒントを女性に注目することによって得られると考えます。また、阪神淡路大震災や中越地震において実際に震災復興の中で女性の果たしてきた役割は非常に大きいです。災害を切り抜ける際に、平常時に地域社会の中でさまざま役割を持っている女性は在地の知恵を持っていて、日々の暮らしを担う生活者である女性、肩書にとらわれないヨコの人間関係、議論の堂々巡りよりもまず行動する、そうした生活の視点を持っている女性に生活リーダーとしての可能性を見出すことができます。当然のことですが、生活復興を考えるときに一時点の話ではなく、段階的に捉えていかなければなりません。その時に、女性が持っている生活の視点を結び付けることが重要な視点を提供してくれると考えられます。

今回取り上げる事例は2つあります。1つは子育て支援サークルCです。現在この活動自体は縮小しているのですが、ここから出て行った人たちを見てみると多様な活動を展開しています。そうした人たちが子育て支援サークルCを通過することにどのような意味があるのか、実際に子育てを担っている人たちにどんな意味があるのか捉えていきま

す。もう1つは住民任意団体Wで、代表のSNさんに注目します。そこには個人の思いをどう支援や制度に結び付けていくのかという様子が見られます。もともとはSNさん個人の思いがあったのですが、それを形にしていくための任意団体Wがあって、それを制度に結び付けていく復興応援隊があって、現在地域を舞台とした新たな活動の展開に結びついています。

まず、子育て支援サークルCについて説明します。2008年に子育て支援センターの集まりをきっかけとして結成されました。なぜ、このサークルが結成されたのかというと子育て支援センターの活動というのは子どもと親がかかわるきっかけは提供してくれるのですが、母親同士がかかわるきっかけはなかなか提供してくれないそうです。もう少し子育てについての悩みを母親同士で相談したいという思いから結成されました。当初は社会福祉協議会からの助成金を受けて月2回の活動を展開していきました。活動はイベントを重視するのではなく、子どもを自由に遊ばせてお母さんたちが話をする機会を月2回設けています。震災後、会場が被災したため一時中断するのですが、6月から再開します。それ以降活動が非常に活発になったとメンバーの人は言います。これまで隔週だったのが毎週金曜日に行うようになって、震災前は2、3組程度の参加だったのが10組程度の参加がみられるようになって、育児が終わって子どもたちが学齢期に達した親も参加するなどしました。助成金を貰わないという決定をし、月2回の活動になります。2014年には縮小していきます。

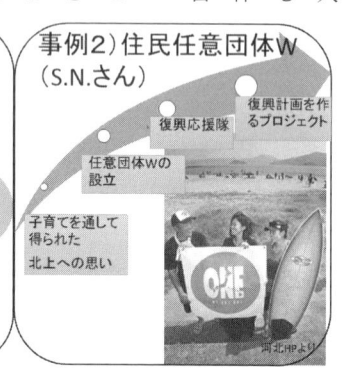

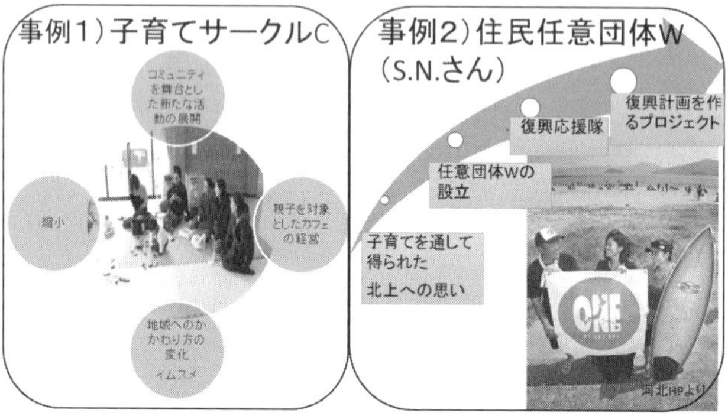

メンバーの人たちに話を聞くと北上町の子育て環境を高く評価をしています。3世代同居なので実質的な支援を受けられる、地域のおじいさん、おばあさんが声掛けをしてくれる、待機児童の問題がないということで北上町はいいとこ

第 5 報告　子育て環境の復興と再生における女性の活動

事例１）子育てサークルCの活動

2008
- 乳幼児の遊び場＋母親の交流の場として結成
- 子育て支援センターの集まりをきっかけに結成
- 社会福祉協議会の助成金　月2回　隔週金曜日　10時～11時半

2011
- 震災、一時中断
- 2011年6月から再開　活動が活発に　毎週金曜日　10時～11時半
- 10組程度の参加　育児が終わった親のみの参加もあり

2014
- 助成金をもらわないことに決定
- 月2回　隔週金曜日

ろだという話でした。しかし、子育てに対する不満もあります。少子化もあって徒歩圏内に子どもを持っている家庭は少ないのです。そうすると親同士の交流もなかなか持つこともできないし、保育園で仲良くなった子どもの家には車で40分くらいかかる。こうした人たちと交流していくことは不可能に近いと言います。このような状況に加え専業主婦にとって張り合いが欲しい、息抜きのできる環境が欲しい、嫁としてのネットワーク形成の場が欲しい、母親同士仲良くできる環境が欲しいということを受けて、子育て支援サークルCを結成しようという動きになりました。このあたりは北上町だからという話ではなく、都市部と変わらない状況です。

震災後、子育て環境がどう変化したかを見ていきます。震災以降活動の活発化が見られたことを言いましたが、それがどういった思いから生まれたのかを見ていきます。これまで言われてきたように性別役割分業の強化の中で、母親役割の強化という状況が見られました。これまで、居心地のいい場所として理解されてきた集落の中で、避難所における子どもの行動を制限され、その対応をしなければならなかった集落の中での親の姿がありました。地震発生の際に保育園にいる子どもは親が迎えに行く決まりとなって遠出ができなくなってしまったという状況、仮設住宅という狭い空間の中での子どものストレスへの対応があります。また、震災経験の共有においては個別ネットワークにも限界があります。震災前まで子育ての相談は結婚前に住んでいた「地元の友達」に会ったときにしていた、電話で話をしていたということが聞かれます。仮設の生活を「地元の友達」に話しても分からない、自分たちの経験の辛い思いを「地元の人」に話しても分からない、他の地域の友達とは被災経験を共有できないという状況もありました。これを詳しく見ていくと、仲の良かった友達と死別してしまうという状況、もともと集落の中で母親がかかわる場面が少なかったということがあります。親と

43

子どもの参加を想定した組織が集落の中で存在しないこともありましたし、嫁いだお嫁さんが参加する観音講も形骸化していた状況、近所づきあいにおいても3世代世帯が多く第1世代に遠慮した付き合いということもありました。こうした平時の問題が震災を通して浮かび上がってきました。

このような個々の思いを受け入れて活性化した子育て支援サークルCですが、現在は縮小しています。それは、月4回の活動だったのが月2回になった、助成金を貰わないという選択をしたという点です。メンバーたちは、会があることの重要性を強く認識していました。ある程度生活が落ち着いてきている現在、何を重視しなければならないのか考えたときに、子どもを抱えながら助成金を貰うための煩雑な資料を作らなければならない、乳幼児を抱えながら会議に参加しなければならない、そういった作業の面倒臭さが活動を下の世代に引き継いでいくときの障害になってはいけないのでそれを止めるという選択をしました。私個人としては賢い選択だと思いますが、評価は割れるところでもあります。

ですが、子育てを終了した人たちがサークルCを飛びだしていろいろな活動を展開している様子が確認されました。サークルCを立ち上げたTMさんは、現在プレーパークを主催しています。サークルCでの経験は非常に大きな意味を持ったと話し、今も仮設の生活が続く中で子どもたちの遊びの場を確保しなければいけないという思いのもとに活動をしています。カフェを起業した女性もいました。震災後の生活が不安定な中で起業するまでに至らなかったのだけれどもサークル活動を通して子どもと母親が集える場所、子どもを抱えた母親が働ける場所を築きたいという思いでカフェを起業しました。これらを考えたときに、子育て支援サークルCというのは子育てという期間限定の活動の足場であり、コミュニティを作っていくときの人材の輩出基盤としても意味も持っていたと捉えることができます。

続いて、住民任意団体Wの代表SNさんの活動を見ていきます。SNさんは現在40代の女性です。被災して実家のある石巻市内で1年半生活していましたが、夏ごろに子どもの部活動が再開して母親同士の交流のなかで生活に必要な

44

第5報告　子育て環境の復興と再生における女性の活動

事例2）S.N. さんの活動の展開

2011.6
- 生活に必要なものを購入できる店舗を作ろう（2011年夏発想→同年冬から準備）
- 住民任意団体wを作り、仮設店舗での営業を開始。
- 2012年に海外の助成金により現在の店舗へ。

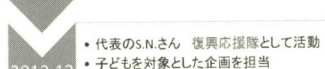

2012.12
- 代表のS.N.さん　復興応援隊として活動
- 子どもを対象とした企画を担当

2014.4
- 住民が作る北上復興計画プロジェクト

ものを購入できる店舗を作りたいねという話が出てきました。そこで、住民任意団体Wを作って日用品や食材を販売する商店を仮設で営業し始めます。2012年に海外の助成金をもらって現在の店舗を建てて営業しています。現在、住民が作る北上復興プロジェクトの代表として今後の北上町について考えていく活動をしています。

2012年にSNさんは復興応援隊として活動を開始し子どもを対象とした企画を担当しています。団体Wは2012年に結成され、活動の目的は「コミュニティ、なりわい・集落」の再生です。活動の内容は、まちづくりや地域づくりのさまざまな活動にかかわっています。SNさんと団体Wの関係を見ていきます。震災後北上町から離れて1年半石巻市内の実家で生活していました。そのとき、お子さんが3名いるので、中学校は被災がなかったので中学生は北上町の祖母の家から北上中学校へ通学させ、被災があった小学校は通うことができない状態だったので小学生は石巻市内の小学校へ転校させました。自分でもその選択が正しかったのか悩みながら生活して、そうした状況が自分だけではなく子どもたちにもストレスとして身体症状に現れてしまいました。そこで気付いたことは、今まで自分が北上町に住むことの意味でした。それは、部活動を通して子どもたちとの付き合いであって、子どものことを相談する相手は自分の友達というよりはほとんど北上町の人だったという思いが出てきました。しかし、仲の良かったお母さんたちは地震で亡くなってしまった。北上町から離れての生活は、「さみしい、誰かとしゃべりたい」「私が仲間になりたい」という思いを強く感じるようになります。調査を始めた頃（2013年はじめ）は、団体Wを結成した理由を地域のために北上町のためにということを強く話していました。自分

45

で自分の行動を見つめ直す時期にきたのかと思いますが話している中で変わってきて、自分のためだった、自分がここにいるために団体Wが必要だったんだと話すようになりました。2011年夏に部活動が再開した時にお母さんたちとの交流が復活し、子育てを通して築かれた関係性の喪失や重要性の認識が根拠となって、自分が生きていく場所として、子どもを育てていく場所として、北上町に団体Wを通して足場を築いていくという状況が生まれます。

SNさんは団体Wの活動のなかで子どもを軸とした活動を展開していきます。なぜ子どもを軸とした活動を展開したかというと、団体Wを通してさまざまな母親と接することで、自分の子どもだけではなく他の子どもたちも震災でストレスを感じ情緒不安定な状況にあることをSNさんは捉えていました。北上町に3校あった小学校が1つにまとまって授業をしていました。その中で、小学校ごとの分裂がみられ、そのために情緒不安定な子どもに学校以外の子どものコミュニティを作る必要があると考えました。団体Wを通して子どもが集える空間を作ったり、復興応援隊を通して英語塾の開催をしたりしています。現在は子どもたちのふるさとを作る作業として復興計画を作るプロジェクトを行っています。

SNさんの活動から言えることは個人の思いを地域の思いへと動かしていったということです。震災後、子育てを一手に引き受けてきた女性の姿があるのですが、それを通して導かれたものは北上町でなされてきた子育てへの気付きでした。個人にとって子育て環境を復活させる足場として団体Wがあって、同じような課題を抱えている親の存在を団体Wを通して捉えることができました。活動を確かなものとして導いたものが復興応援隊の制度でした。今後は時間的な流れを意識して未来につながる活動にシフトしているという状況です。

事例を通して、女性の活動をどう捉えることができるのかを考えたいと思います。女性が担ってきたことは生活におけるつながりの復興だったと言えます。個人の課題を地域の課題として捉え直す作業であり、機が熟した時に復興の制度や支援につなげるパイプとしての機能を果たしていました。これからの北上町の中心的な役割を担う可能性も見られます。復興における女性の捉えられ方を批判しましたが、ではどのように捉えていけばいいのか。女性が育児や介護

を担うことを考えたときに彼女たちのおかれた状況を女性単体で考えることはできません。女性が抱えていることとの関係から、本事例で言うなら子どもとの関係から女性の立ち位置を考えていかないのです。彼女たちがしてきた行動は、性別役割分業の強化によるものというよりは性別役割分業を積極的に読み替えて、ない自分たちがかかわる中で何ができるのかということでした。そのための縮小もありましたし、点の活動もありましたし、それが時間の経過とともに新たな面の活動になってきたと言えます。女性を震災復興の中で捉えていくときに、抱えているものとの関係の中から位置づけをしていかなければいけないと言えます。

震災復興において女性の位置付けをどう考え、必要な支援は何かをあらためて確認します。個人にとっての復興と再建の時間と社会にとっての復興、再建の時間は異なります。SNさんも今になってようやく振り返ることができるのです。復興に女性の力を活用するには、まず女性の生活の再建が必要になります。それをどう支援するか。今回深く取り上げられませんでしたが、それをつなぎ合わせる役割として行政職員や外部者の存在は大きな意味を持ちました。SNさんが個人の思いを団体Wにつなげて、団体Wから復興応援隊につなげていったところには北上総合支所の職員の打診がありました。職員自身がSNさんの活動をずっと見ていたなかで、個人の思いを社会につなげる役割を果たしました。

女性たちが動き始めたいま、様々な関係性を土台として、コミュニティの復興に結び付く様子を今後も捉えていきたいと思います。

1 相川康子「災害とその復興における女性問題の構造──阪神・淡路大震災の事例から」『国立女性教育会館研究ジャーナル』第10巻、5〜14項、2006年

2 田村圭子他「阪神・淡路大震災被災者の生活再建課題とその基本構造の外的妥当性に関する研究」『地域安全学会論文集』第2号、25〜32項、2000年

3 海妻径子「かくて『女性』は排除された──被災地近辺から見えた、支援復興におけるジェンダー視点の欠落プロセス」『インパクション』第180号、82〜85項、2011年

第6報告

被災地における地域サポート人材の役割と課題

図司 直也（法政大学）・西城戸 誠（法政大学）

私からは地域サポート人材に焦点を当ててお話しします。先日（2014年11月22日）、長野県北部の白馬村と小谷村で地震が発生していますが、今日と同じタイトルでおそらく話をする機会が出てくると思います。それほど、今地域サポート人材という存在が被災地のみならず過疎地域、農山村地域で大きな役割を果たしています。北上町では、この2年ほどの取り組みですので、結論じみたお話しをすることにはなりませんが、まず現場でどのように動いているのか知っていただきつつ、他の地域でもこういう取り組みが進んでいることにぜひ関心を寄せていただきたいと思います。

東日本大震災の被災地において復旧、復興のプロセスに地域サポート人材が大きな役割を果たしつつあります。石巻市北上町においても国の復興支援員制度をベースにしながら、宮城県が独自に設置した復興応援隊が活動しています。被災地において地域サポート人材が活動する最前線の取り組みが見て取れるので、実態はどうなっているのか、現状の手応えとそこから見られる課題がどこにあるのか今日はお話しできればと思っています。

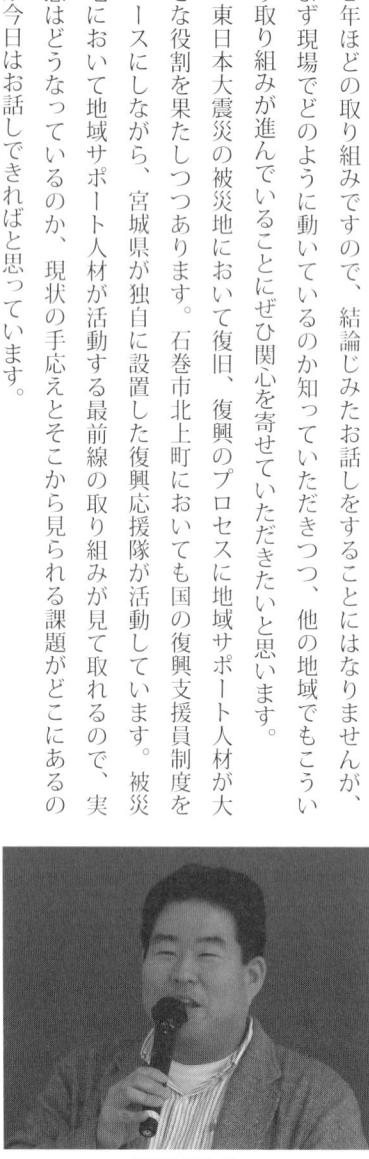

図司直也氏

第６報告　被災地における地域サポート人材の役割と課題

　地域サポート人材が生まれたそもそものきっかけは、10年前にさかのぼります。2004年の新潟県中越地震では、新潟県山古志村が地滑りで大きな被害を受けたことが象徴的に報道されましたが、その被災地において、山古志村のみならず、中越地震の被災地は中山間地域を数多く抱えて過疎高齢化が進んでいます。地滑りなどの災害は地域の課題を急速に顕在化させる側面がありました。復旧、復興の中で集落の人口が急激に減っていく、関連死など亡くなる方が出てくる中で、どうやって復興のビジョンを作っていくのかが急務になりました。ただ、中越地域も長岡市を中心に市町村合併が進んだこともあって、行政は広域になっているがマンパワーには限りがある厳しい状況にあります。そういうなかで、災害ボランティアとして外から入ってきた人、地元の役場やＪＡ、県のＯＢの人など地域をよく理解している方に支援員になってもらって、行政と住民の橋渡しをしながら、復興に向けた活動のサポートをしてもらおうと立ち上がったのがこの地域復興支援員という仕組みです。

　中越地震から10年経ちました。先日、私も中越に足を運びました。10年経って、復旧、復興から平時の地域づくり活動に移りつつありますが、現在も中越地域では地域復興支援員が大きな役割を果たして活動しています。十日町市の池谷集落は限界集落からの奇跡の復活として語られるところですが、もともとかなり小規模な集落でしたが人口が増えて、現在の人口は22人にまで増え、子育て世代、若い女性が移住をしてくるところまで10年経ってこぎつけています。「地域を開くことを繰り返した復興プロセス」と復興支援員のサポートをしている稲垣さんは言っていますが、地域を開く手伝いを地域復興支援員が担ってきたということが中越地震のサポートの経験としてあります。

　それを受けて国でも、集落支援員、地域おこし協力隊として制度化し、今回の東日本大震災の被災地に対して復興支援員という仕組みを取り入れていったという経緯があります。そこには、従来はハコモノを作る補助金を当てていくこととだけにとどまらず、それとセットに地域に必要な人材をどうあてがっていくのかという「補助人」を国も政策に取り込んでいったという大きな転換があると言えます。ただ、人に地域に入ってもらおうということを何をもって評価するの

49

北上地区における復興応援隊の展開 関係主体の構図

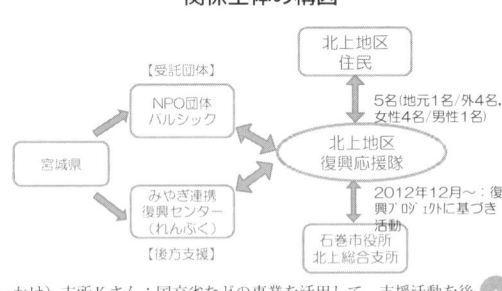

【受託団体】
NPO団体 パルシック
宮城県
みやぎ連携復興センター（れんぷく）
【後方支援】

北上地区住民
5名(地元1名/外4名、女性4名/男性1名)

北上地区復興応援隊

2012年12月〜：復興プロジェクトに基づき活動

石巻市役所 北上総合支所

きっかけ）支所Kさん：国交省などの事業を活用して、支援活動を後押しするも、人件費や交通費がかかる
→応援隊事業でのカバーを目論見、復興プロジェクトも幅広く設定

か難しいところもあります。人と人とのマッチング、人をどうマネジメントするのかということもありますから、当然、あいつは嫌いだとか、地域に馴染めないとかということが往々にして出てきます。そういう意味で評価軸の議論も道半ばです。今回の報告でもそこまで踏み込めませんが、だからこそ現場がどうなっているのかを追っていく必要があると思います。今回は、地域サポート人材が始まった中越地震のことを念頭に置きながら、比較をしていきたいと思います。中越では地域復興支援員は、地震が起きてから3年以内に立ち上がっています。ですので、今回の北上町のように地震が起きて1年以内に立ち上がっているものとはタイミングが異なっています。おそらく、いまの北上町の復興応援隊の立ち位置、地域の中でどういうふうにこうした人たちを受け入れ続けていくのかということの違いにもなってくると思っています。

北上町における復興応援隊をめぐる主体を全て並べました。普通の流れでは、宮城県があって、石巻市があって北上総合支所があって復興応援隊があるのですが、今回の津波被災地においては行政機能が被災したということもあって、間に2つの主体が入っていることが特徴です。1つは、民間のNGO、NPOあるいは地域で活動している既存の団体に受託団体として入ってもらって、復興応援隊のマネジメントをしてもらっています。それとともに、みやぎ連携復興センター（れんぷく）、これは県内のNPOを統括している団体から派生的に立ち上がった組織ですが、そこが受託団体や地域で活動する復興応援隊を後方支援しています。そして、復興応援隊が市役所が作った復興プロジェクトにもとづい

北上町ではNPO団体のパルシックがこれまでの縁があってかかわっています。

て活動をしているという構図になります。現在、北上町では5人の方が活動されていて、地元の北上町の方が1人、外から来た人が4人です。特徴的なのが男女比で、女性が4人となっています。珍しいケースだと言われています。任期が3年となっていて、今年2年目が終わろうとしている状況です。

ここからは、5人のうちメインの3人が活動している様子を紹介していきます。最初のAさんです。先ほどの子育て環境の報告のSNさんと重なります。3人の方にヒヤリングをさせていただきました。復興応援隊になる前に、地域のお母さんのたまり場がなくなってしまったのでそれを作りたいという思いで団体を立ち上げて、女性のみなさんで活動を始めました。地元の海水浴場の再開などを目指しながら、さまざまな地域から立ち上がるイベントを通してみなさんが集まっていく場を作っていったところも特徴です。それとともに震災後、北上まちづくり委員会に参加するのだけれども、そこはどちらかというと男性中心で、もう少し若い世代で議論ができないかという問題意識を持ちながら、仲間を巻き込みつつ市のソフト事業を活用して計画づくりのプロジェクトを立ち上げていくという一連の動きをしているところも重なってくると思いますが、応援隊の立場でやっているところもあるでしょうし、自分の立場でやっているところも重なってくると思いますが、そうした動きをしていたのがAさんです。

何を手応えとして持っているのかというと、当初は地震があって津波があったということで物が急になくなったという状況になりました。失われた建物や場所を取り戻そうと動いてきたけれども、最近はそうではないと思うようになったと。もう少しソフト、人のつながり方などに関心が持てるようになってきたと言われていました。あるいは、がむしゃらに一人で突っ走ってきたところもあるけれども、そろそろ応援隊の任期も半ばを過ぎて、3年間終わってどうなのかということも心配だったけれども、最近は若い人たちで計画づくりをするような場もできてきた。そこで北上町は地域のみなさんでいろいろやることができる場所なんだということの手応えを感じるようになってきて、地域というものを最近意識するようになったということも語られています。今回、ニッセイ財団の助成を利用して復興応援

隊のみなさんと山古志村に行ってきました。そういうところや、れんぷくの研修を受けていろいろ勉強させてもらったことが活動の実践のスピードを上げてくれているという話もしていました。地域も大事だとも思いつつ、最近は自分がそこで安心して死ぬこと」なんだというお話を聞いて、地域も大事だとも思いつつ、最近は自分がそこで活動することも大事だと感じられるようになったともお話しされています。復興応援隊になって2年間、それぞれいろいろな経験をして前進していることを強く感じる話でした。

続いてBさんです。Bさんはよそ者の立場です。関西の出身で、NPO団体の一員として北上町に入ってきました。たまたま十三浜地区のみなさんと縁ができて、十三浜地区の漁業を中心とする生業支援ができないか、その地域のお祭り、神楽などの伝統文化の復活ができないかと文化復興の支援で入ってきたというのがそもそものきっかけでした。被災直後の段階では、みんな一緒に生業を支援しようとか、お祭りを復活させようと言えるような雰囲気ではなかったということです。生業支援をやるにしても、作業を手伝ってくれるマンパワーが仮設に避難されているということで不足する中で思うようにできないということがありました。どうしようかと思った時に応援隊という仕組みがあって、応援隊であれば肩書を持って地域の人に話をしに突撃できるということをやっていますが、別のところにだいぶ自分としてはいろいろなことができるようになったということです。実際いろいろなことをやっていますが、情報を共有できるかわら版を作ったり、仮設を回ってお茶飲みしながら活動のヒントを見付けたりということもしています。

3番目はCさんです。Cさんは、半地元といいますか北上川を挟んだ対岸の地域の出身です。Cさんは被災もしているのですが、仕事をどうしようかと考えているときにたまたま応援隊の募集をハローワークで見つけて採用になったということです。Cさんは、応援隊の中での役割は、仮設から高台に移る際の住宅支援をやって欲しいということでした。最初は試行錯誤で大変だったということです。その実際はそこまで専門性を持っていなかったということで、応援隊の中でれんぷくが間に入って、どうその場を作っていくかということをサポートされながらやってきたということです。なんで応援隊に入ったんですかと聞くと、後方支援をしているれんぷくが間に入って、給料という部分もあるし、いろんな人に支援してもらいながら、いろんな人に支援しても

第6報告　被災地における地域サポート人材の役割と課題

らっている中で自分としてやれることはないかと探ってみたかったとお話ししています。

三様、住んでいる場所、今回の地震の受け止め方に違いがあることが見て取れます。

今のところの応援隊の役割、どういうことができてきたかです。中越の取り組みをまとめた稲垣さんは、中越の経験からサポートも2種類あると提示しています。1つは「足し算のサポート」です。これは、という不安、住まいや暮らし方自体が手探りな中でそこに寄り添いながらとりあえず自分の足場を固めていくような「守り」への支えです。お茶飲みをして困ったことを聞いていくとかが象徴的だと思います。まず、この先どうなるんだろうということが進められてきたと思います。その中で、ようやくAさんの復興計画を作っていくというプロジェクトのように将来のことを考えて、これからどうしようかというところに足がかりができてきます。地域づくりの中では、「攻め」のようなものがこれから始まりそうな気配を感じます。中越では、これを「掛け算のサポート」と言っています。積み上げていく段階から少しずつ伸ばしていく段階にそろそろ北上町も変わっていくのかなとも思います。高台移転し仮設から出てからの話になりますから、今すぐの話ではありませんが、徐々に進んでいっていると感じています。

それを応援隊3人がうまく役割を組み合わせながらやっているというのが私の見方です。チームでやっていることがうまく機能していると思います。地元のAさんは、どちらかというとイベントや新しいことに取り組んでいく、計画を作っていくという新しいことを頑張って生み出していこうとする価値創造に力を注いでいる感じがします。そういう人だけだと地域の人はついていけないのですが、それをBさんやCさんがお

北上地区における復興応援隊の役割

○地元出身者とよそ者の絶妙な組み合わせにより、サポート活動の積み上げを相互補完（他地域に比べ隊員間の温度差が小さい）

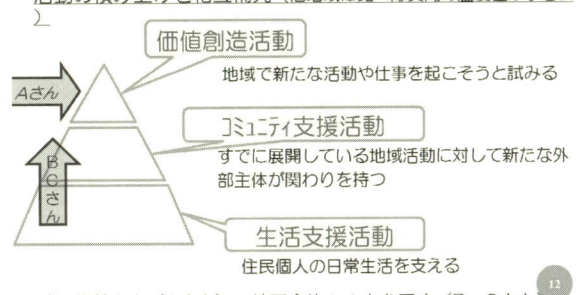

- **価値創造活動**（Aさん）: 地域で新たな活動や仕事を起こそうと試みる
- **コミュニティ支援活動**（B・Cさん）: すでに展開している地域活動に対して新たな外部主体が関わりを持つ
- **生活支援活動**: 住民個人の日常生活を支える

＊地元集落中心（Aさん）×地区全体への土台固め（B・Cさん）

53

茶飲みなどを地域の人と話をしながらうまく支えている感じがします。今何が起きているか発信、共有していく場を作っています。意図しながらやっているようにはうまく見えないのですが、結果的にうまく行っていると私は見ています。他地域ではみんなばらばらにやっているケースが多いのですが、北上町ではうまくコンビネーションを取りながらやっていると思います。それが結果的に地域のみなさん、コミュニティ、地域住民のリーダーのつながりを取り戻したり、新しく何かを生み出すきっかけを作ってきているのではないかと思います。れんぷくは、北上町の応援隊にはエンパワメント、住民のみなさんの活力を生み出していく要素があるのではないかという分析もしています。

これについて、3人に聞いてみました。まずAさんです。Aさんのみならずみなさんが北上町で復旧、復興のなかでいろいろやっているが疲れてきていると言います。疲れてきているからお互いをつないでいく必要があるのではないか、と実践している自分としても言っています。先々を見たときに地域の人が地元で働ける場所を作りたい、ということも言っています。かと言ってそれを自分が応援隊としてやるかというと、まちづくりは生活の一部なので応援隊だと仕事になってしまって辛い、ということも率直にお話ししていました。

Bさんです。Bさんはよそから来た人です。Bさんも住民をつないでいく必要があると現場から感じています。「地域の住民それぞれが自分たちの時間を歩み始めている。そこに閉じこもらずに開いていく必要がある。自分はよそから入ってきているから引き立て役として何かできればいいな」ということも言っています。一方で、「自分は震災が起きた後に地域に入っている。地域の人はその前からの営みがあって、そこから時間が止まってしまっている」ということも感じると「一回ここで区切りをつけないといけないんじゃないか」ということも話しています。よそから復興応援隊として入って活動していくスタンスの1つの悩みどころを語っていると思います。

Cさんです。Cさんは北上川を挟んで向かいにお住まいでした。被災していることもあって住まいの話がでてきま

第6報告　被災地における地域サポート人材の役割と課題

す。住宅支援の活動は、素人であったけど学ぶ機会としてよかったと言っています。それを踏まえて自分が家を建てるとなると、資金面とか生活の安定を考えると応援隊の任期は3年で、不安定なところへ身をゆだねるのは厳しいと言っています。Cさんは被災して自分の住まいをどうしようかと考えたときに、応援隊を続けるのはどうだろうかということも考えています。

これからの課題を考えます。1つは応援隊がサポートしている対象は地域なのでしょうが、中越と比べると「地域」と呼びにくいと感じています。仮設から入っていっているところの一因ではないかと思います。3人の隊員にヒヤリングしても家を持っていて継続して住んでいる人には会うきっかけがないと言っています。だからこそ、これから高台移転して住む場所が決まって、それで北上町全体を語るのは難しい状況だと思います。行く目的がないから会えない集落、コミュニティが再編されていく段階になったときに応援隊の役割や活動の内容をどうするのか大きな転換点を迎えると思います。仮設住宅の支援からコミュニティ支援への橋渡しをどうするか近々に北上町の応援隊でも課題になると思います。

もう1つは、3人の話をストレートにしましたが、それは3人の人生と北上町の応援隊としての役割とのかみ合わせをどう考えるのかというところです。3人の話を個々に聞いていると現段階ではここでひとつの区切りを迎えているのではないかということが私の一つの結論として言えます。ただ、北上町として応援隊のような人たちの存在は必要だと。そうすると今のメンバーにこのまま頑張ってくれというのか、地域の方、行政が応援隊の存在をどう考えるのか、新しく役割を果たせる人にバトンをつなぐ方がいいのか、応援隊の存在をどう考えるかというところにボールが投げられていると思います。

中越では地震が起きてから3年目で地域復興支援員が入っていることをあらためて問い直す局面に来ています。北上町として応援隊の存在をどうするのかを考えると、北上町ではようやくその段階で応援隊着任当初の北上町の復興プロジェクトを遂行するのが最大のミッションです。応援隊は行政が作った復興プロジェクトは非常に曖昧に作ってありました。これは結果的に良かったと思います。支所の当時の担当者が、必要なことは何でも動ける状況を作られて

ことが結果的に良かったと思います。だからこそ、これから先、Aさんの計画づくりの動きやまちづくり委員会の動きの中からどうプロジェクトの内容を作っていくのかと応援隊の動きはリンクすると思います。そこに必要になることは2つです。1つは、復旧、復興から平時の地域づくりにいくには時間はかかりますが、そこへのシフトチェンジを考えたときに復興して良かったなという手応え、復興感をどこで感じていくのかということ、もう1つは応援隊ではなく北上町を訪れたボランティアや学生などをうまく織り込んで、人口が減っても一緒にいられる体制をどう作るのかが大事です。復興応援隊のみなさんや中越からも聞かれていますが、地域をどう開いていくのかが問われています。住まいが確定する時期にこれから先、北上町として何を考えるのかという時期に来ています。

1 稲垣文彦「中越地震における地域復興支援員に学ぶ」『農村計画学会誌』第32巻3号、354〜357項、2013年

コメント

鬼頭 秀一（星槎大学・環境社会学会会長）

　環境社会学会の会長をしていますが、環境倫理が専門です。ニッセイのシンポジウムの20回目が、保全生態学者の鷲谷いづみさんと私がやったものです。環境社会学会は、生態学者とも一緒にやりながら人文社会的な側面を研究しています。

　このプロジェクトは、最初から驚きを持って見ていました。というのは、北大の宮内さんが2004年からこの北上町のヨシ原の調査に入って、それだけではなく歴史的な変化、自然とのかかわりからその地域の生業の構造などを深く分析し、環境社会学の研究の中でも先進的な研究をしていると見てきました。そして、不幸なことに調査地としていたところが今回大変な被害にあわれました。少し、遠慮しながら見ていたと思うのですが、しばらくしたらパルシックなどが中心に入り復興に取り組み始めたところに、宮内さんと西城戸さんが乗り込み一緒に取り組み始めるというのは、社会学者として前代未聞だと思います。社会学者というのは、ある程度けりがついたところをエレガントに分析しきれいに見せるということが学問的には評価されてきたと思います。た　だ、社会学の中でも環境社会学は、離れて分析するよりはもっと問題に入り込んで

鬼頭秀一氏

57

いくスタンスがありました。宮内さんと西城戸さんのこれまでの研究もそうだったと思います。社会学の聞き取りは、網羅的にかなりの時間を使って丁寧に聞き取ります。それに対して、スピード感が必要な聞き取りをしつつ、さらにワークショップをやりながら、現地での被災者の復興の手助けをしていくことは、社会学者としては冒険なのかなという面もありました。逆に、環境社会学の現地に行って丁寧に人の話を聞くところが今回の復興に対して新たな挑戦でもあると注意深く見ていました。今回成果を報告されて、感銘しながら見ていました。

実は、復興において人とコミュニティの問題をどうするかは、以前から計画論など制度的なものだけで大丈夫なのかという議論がありました。復興とはまずハードの部分を集中してやる。それに対して計画論があり、社会学は後でいくという感じでした。しかし、ハードが中心で計画論をするだけではダメで、人とかコミュニティの問題をしなければならないということが課題でした。日本学術会議で2012年12月に緊急提言を行いました。これは「ひと」と「コミュニティ」の力を復興に生かすべきだという内容です。私もメンバーをやっている分科会で、意見を求められて人やコミュニティのことをちゃんと考えないとまずいですよねということを言ったら、政策や計画の人たちが飛びついて、それは重要だから学術会議としてすぐ緊急提言をまとめるべきだと動きました。学術会議はハードをやっている人が多く、ハードが不十分とか不完全というのはおかしいとか言われましたが、今

東日本復興における「ひと」と「コミュニティ」の施策の必要性の社会的・学術的認識

コメント

これが必要でしょうと言い続けました。政策や計画を研究している人も今までの政策や計画ではどうも不十分だと、もっと人やコミュニティに立ち入ったことをしなければならないということをみなさん思っています。でも、どうやったらいいか分からないことが大きな課題になっています。そういう意味で、社会学者が実践という形でやることは意欲的です。学問論としても、研究と実践をどう考えるのか、研究は研究として完結していいのか、研究の枠組みで説明してもそこからこぼれ落ちる問題をどう考えるのか課題になってきたところです。計画論が終わったところで社会学が出て行けばいいのか、もっと具体的に復興に立ち入って考えるのか。こぼれ落ちるものを丁寧に拾い集めながら復興していかなければならないという点で私は注目しました。

今日伺って、平川さんの報告に家族の選択、地域社会の維持、制度というまさに人とコミュニティに立ち入ったことが含まれていました。人の生活の全体性、時間を持った全体性がある。さらに、コミュニティは歴史性、場所性を持ったところである。これをどう捉えるのか、制度とすり合わせをしていくことが重要です。すり合わせするのに個々の人とコミュニティのディーテールにこだわることで制度を再定置していくことは面白い、こういう形でやっているんだということがよく分かりました。それから、協業化ということも重要です。髙﨑さんが言われましたが、今の復興計画は農業も大規模化にどんどんお金をつけながら復興する、漁業も拠点形成をして産業復興をしていく主流です。それでいいのか、それで復興できるのかこれまでも言われてきました。それに対して、有効な反論やそうではない協業化の捉え方がなかったわけです。宮内さんと髙﨑さんが協業化にこだわることで制度を再定置していくことは面白い、協業化の多様性や時間的な経緯のなかで見ていくことを明らかにしていま興計画でやられているものとは違うんだと。こういう形が出てきたのはよかったと思います。これは2004年から聞き書き集まで作るという丁寧に地域に入っていたことがあると、時間は非常に重要です。被災後、人の意識は海が怖い近づけないところから落ち着いてきて、だんだんやっぱり海がないといけないと変わってきています。だから、震災以降の話も時間によってどんどん変復興や計画を考えたときに、時間は非常に重要です。

わっていくなかで、どう計画していくか重要な問題です。これに対する方法論は今ありません。ではどうするかと言ったときに、環境社会学がどうかかわるかは重要です。計画論はある時点での思いを集約してまとめていくことは得意です。ところが、人の意識はどんどん変わっていきます。変わっていくことを前提とした計画を立てることは今の計画論ではできません。それを人の思いの揺れ動き、社会的な状況の中で変わっていくことに寄り添いつつ、きちんと制度と再定置しながら考えていくことは大変挑戦的な試みで面白いと理解しました。

コミュニティの生業のあり方を考えると、これは宮内さんのこれまでの研究があったと思います。生業が歴史的にどう変わってきたか、どう変わっていくか、今3・11が地域にとってどう意味があったのか位置づけながらやったことが重要です。人の人生という時間とコミュニティの歴史的な伝統から未来をどう築いていけるのかを考えたときに今の計画論にどう切り込んでいくか見えてきました。見えてきましたが、みなさん苦労しながら右往左往しながらにじみ出てくるところが良かったと思います。悩みながらいく、そんなにきれいにいかない。きれいにはいかないがこれは必要だという方法論を積み重ねる時期だと思います。

女性というテーマは、こういう研究もあるんだなと聞いていました。実は、女性の問題を考えると障害者にも似たような部分があります。ジェンダーの問題をどう捉えるかいろいろな視点があります。一つは、社会の中でどう置かれているかです。子育てなど社会における根底的な部分を担わされている、積極的に担っている部分があります。そこが復興をきちんと表に出てこないという問題があります。「政策論的な視点」ではなく「地に這う視点」が大事です。政策論は上からどうするかという形になります。でも実際には人びとには地を這いずり回っている視点。その視点はなかなか出てこないけれども、被災地において女性が置かれている位置を這いずり回っているような視点に体現されています。そこにきちんと視点を置いて復興を考えることは重要でここに注目したことはよかったと思います。

最後に、復興応援隊が面白いと思うのは、環境社会学的に丁寧に話を聞きながら、どう対応していくか入っていくことを、社会学者が行かなくても地域の中で現場に即してやっている人たちを養成しつつ、どう対応していくか環境社会学も提起していけると

コメント

いいと思います。そういう意味で今日の報告は重要だと思います。

課題はこれをどう普遍化していくかだと思います。これだけの研究ができたのは2004年から宮内さんがずっとやられてきたことがあっての成果で全ての地域でできるわけではないのです。新しい地域で見ていったときに何ができるか大きな課題です。これにも、時間をもう少し考えてもいいと思います。3・11以降、いろいろな学会を見ていて、計画系の学会は本当にすごいと思いました。すぐに現地にはいり数か月後にはいろいろな提言が出てきます。社会学ではとてもできないし、それが学問的にいいとしてやってこなかったこともあります。遅れを取ったような気もしつつ、現地に入り丁寧に話を聞くことを続けてきました。3年半経ってみると、だんだんそこから何か言えるのではないかと思います。今のハードや計画論で言われているような復興だけではダメだというのは見えてきているし、その中で発言していくことはこれからの課題だと思います。宮内さんや西城戸さんは精力的に頑張られてすごいと思います。他の環境社会学者も現地に入って丁寧な聞き取りをしています。これから、復興の計画を再定位しながらよりよい形を求めていかなければならないと思います。今回の報告は、前から入っているところで、今の復興のあり方を計画論とは違う形で提言していこうという時に参考になると思います。他の地域もここの地域もそうだと思います。次にどうするか宮内さんからもう少しお聞きしたいと思います。他の地域で震災後入って丁寧に話を聞いているところで、今日はほとんど出ませんでしたが、防潮堤をどうするかという問題は簡単にはいきません。これも方法論はありません。いままでのハードや計画にはないような違う視点から言っていかなければいけないと思います。その種はあると思います。そのこともふくめてお話ししていただければと思います。

コメント

関　礼子（立教大学）

　私は福島県浜通りの被災地を社会学の視点から調査研究しています。北上町の事例研究から導き出された今回の発表の知見と問題関心を共有するところがたくさんあり注目して聞いていました。例えば、選択する主体性とか、制度と人びとの時間のズレに関する議論には重なるところがありました。こうした背景をもとにコメントをいたします。

　今回の報告で評価するところは、北上町の実践的研究の意義を確認しておきます。3点あります。第1は、震災前後を通して継続的な調査を行ってきた継続性です。第2は、被災地となった地域というフィールドの中から分析を進めている内在性です。3点目は、被災地の状況の定義がどんどん変わっていくなかで変化に寄り添ってコミットメントしていく、社会学的な介入によるフィールドへの関与という実践性です。はじめに西城戸さんが実践的調査研究と言ったときは主に3点目の実践性に関することでした。継続性と内在性が調査研究の欠くことのできない要素であったと考えます。社会学の分野でも、被災地に深くかかわった調査研究を行うこと、グループで総合的に行うということは多くないと思います。北上町の調査研究はその意味でも興味深いわけです。

　こうした調査の中から得られている重要な視点があります。3点指摘したいと思います。第1点。人と地域と制度が絡み合って、もつれ合いながら震災からの復興プロセスが進んでいきます。そのプロセスの中で問題が発生します。その問題を発見していく試みを調査の中で行っているということです。それが可能だったのは、調査者のスタンスと

62

コメント

関礼子氏

か、現地の内部と外部の境界で調査研究してきたからだと思います。例えば、平川報告にあった高台移転の話では、住宅再建の制度的な制約に対して逆に利用できる選択肢が増えて良かったということにはならない状況がありました。人びとがどこで住宅再建するかを制度が規定していく、地域社会がどのように再編されていくかを制度が規定していく側面が指摘されました。住宅再建は、家を建てることとは暮らしを建てることですから、生業再建と密接にかかわらざるをえないのです。宮内報告では、農業の存続がなかば強いられているとか、余儀なくされたという言葉で説明がされていました。その結果、離農して町を出るような人たちが多くなり、地域社会の解体が進んでいる状況が示されました。漁業に関する髙﨑報告では、協業化が地域にあった浜の秩序に則っていないとき、地域の状況から乖離した時に、名目化するということを教えてくれました。協業化が余儀なくされたという消極的な状況であったにもかかわらず、主体が状況の違いが主体的に意味を問い直すことによって初めて漁業が復興したというロジックを示してくれました。農業と漁業の2つの状況の違いが主体的に意味を問い直すことによって初めて漁業が持っている性格によるものなのか、制度のあり方が関係しているのか、あるいはその両方なのかはよく分かりませんでしたので、教えていただきたいと思います。

第2に生業を組み立てる主体と制度の時間軸のズレを捉えているところが優れていたと思います。今回の調査研究メンバーと一部重複して私も研究会を開いています。その研究会のなかで「生活の時間」と「制度の時間」という言葉を生んでいます。この2つの時間軸のズレがどういう関係になっているのか、被災した人びとがいち早く生活の時間を組み立て直そうとすると、人びとの生活の時間には生業をいかに成り立たせていくか、個々人の進学や就職をどうするか、老後をどうするか、地域を去るのかという選択と決断を個人がしていかざるをえない。そういう問題と絡み合いながら地域に残るのか、地域を個別具体的な問題がでてきます。そういう問題と絡み合いながら地域に残るのか、地域を去るのかという選択と決断を個人がしていかざるをえない。そうした生活の時間のスピードと制度がもたらす時間がズレていって、人びとが生活を立てる意欲を減退

第3は地域社会が再編を伴いながら維持されていく道筋が紹介されました。地域社会という器は同じであっても、震災前と震災後で中身となる人びとが入れ替わったり、地域社会が再編されて、震災前の地域社会と震災後に生まれた地域社会が同一性を欠いていることも報告から見えました。

述べてきたような点を踏まえながら、今回の各報告から生業と地域社会の復興について、キーワードに着目してもう一度整理します。まず初めに生業と生活を組み立てていく上で、それぞれの選択があります。生業を再び取り戻して自分たちの地域で自分たち自らが生きていきます。そうした場合にさまざまな制度的制約がかかってきます。制度的制約がかかることで個人の生活戦略が地域の維持と微妙にズレていきます。住宅の再建の可能性や生業の維持を探りつつも、町外に出るとか高台移転で別の集落の人と一緒に集落を作り直していくという地域社会の再編が始まります。農業の集約化、漁業の共同化にも制度的な制約がかかってきます。他方で、庄司さんの報告や図司さんの報告であったように、主体性を引き出していき、そこから復興への創造性が生まれる動きが選択する人びとの主体化をエンパワメントする、主体性を引き出していき、そこから復興への創造性が主体的に捉え返されることで、これで良かったんだとかこうして私たちはこの地域で漁業や農業や高台移転などやむをえずした選択が主体的に捉え返されることで、これで良かったんだとかこうして私たちはこの地域で漁業や農業や高台移転などやむをえずした選択が主体的に捉え返されることで、これで良かったんだとかこうして私たちはこの地域でやっていくんだという復興への創造性が生まれています。また、制度とは別のところでの動き、復興応援隊などのサポート人材の導入も制度として導入されたのですが、それぞれ地域で活動している人たちは制度に沿って動いているわけではありません。自分自身がやりたいことや地域とのかかわりの中でやらなければいけないことを発見して動いています。その制度からの自由さが復興への創造性を生んでいると思いまし

キーワード

1 選択
（個人の生活戦略と生業）
2 再編
（地域社会の再編と維持、生業復興）
3 制度／制度外
（制約要因／緊急時の創造性）
4 主体性
（選択の主体化）

個人の選択 ← 制度的制約 ← 制度の隙間（あそび）
地域の再編
選択の主体化
復興への創造性

64

コメント

た。さまざまに制度は作られていますが、制度の隙間から制度を捉え返すことで創造性が生まれています。今日の報告からこうしたことが汲み取れました。

最後に、非常に面白い報告で、ないものねだりでもあるのですが、福島県の被災状況を見ている立場から焦点を当てたいと思ったことは、残る者の視点と去る者の視点ということです。報告の中で語られていなかった点として、去る者の視点があります。制度的制約のもとで個人が残るか去るかを選択することで地域再編が行われます。再編される地域の外側に出て行った人びとが今回の報告のなかでは見えてきません。地域社会の復興から漏れてしまう人びとは、どのように主体化をはかり、どのような生活を歩んでいくのか、どう復興の道筋を歩んでいくのか、その兆しを見たいと思いました。報告の中でも自覚的だったと思いますが、主体の復興は地域の復興からでは捉えきれません。被災者の復興を考える全部ではなく一部として生業と地域社会の復興を考える視点から外れていかざるをえないと思いました。それゆえ、従前の地域社会に含まれていたけれども、地域社会の再編のなかで地域から外れていかざるをえない人びと、議論が枠組からフェードアウトせざるをえなかった人びとの状況を教えていただきたいのです。

ここで、反転させて考えたいと思います。今日の報告全体を通して1つ指摘したいことがあります。（福田徳三著、山中茂樹・井上琢智編『復刻版復興経済の原理及若干問題』関西学院大学出版会、133項、143項、2012年。ただし、文中カッコ内は意訳）「それゆえ復興は、まず第一に人間の復興でなければならない」「形式復興、入れ物の復興ばかりを考えてそこで働く人間の復興をないがしろにするような現在のあり方は根本的に改めてもらわねばならない」。1923年と非常に古い時代の福田徳三の言われていた言葉が現在の状況にオーバーラップして見えることを一連の報告は教えてくれました。地域の復興と声高に言われますが、復興させようとする地域は上から見ると入れ物としてしか見えてなかったのではないかと思います。主体的な捉え返しをすることでようやく入れ物の中に活力がみなぎってきます。西城戸さんの報告で、上からの復興、下からの復興ということが言われていました。別の文脈で述べると、地域という器が震災前後で同じであるという前提で政策が立てられてきました。その限界点が今日の報告で

65

現れてきたと思いました。上からの復興は5年間の集中復興期間になんとしても復興しなければならない、復興したという体面を立てなければならないと急いでいます。そこでこぼれていく復興とは何だろうなという思いです。

最後になりますが、非常に重要な視点です。人が復興を想像していくという視点です。人が創造的なものを作っていくという点に注目するならば、制度はどうあるべきかという「べき論」が見えてきます。一つは、今回の報告では市町村合併の弊害が語られました。災害のない社会では小回りの利くような組織とか自治体の重要性が減災社会においては強調されて良かったのではないかと思います。広域化は有利だったかもしれませんが、減災社会では小回りの利くサイズが重要です。いまひとつは、政策が主体性を後押しするように作られていないことです。むしろ主体性を削いでいて、人びとのレジリエンス（回復力）の中にみえてくる主体化の歩みが政策の欠点を補っています。余裕のある制度、遊びのある制度、具体的、個別的な状況に対応できる制度の作られ方が検討されていいと思います。

コメント応答

宮内 泰介（北海道大学）

お2人から多面的なコメントをいただきありがとうございました。われわれの報告はごちゃごちゃしていて分かりにくい点があったと思いますが、われわれの代わりにうまくまとめてくださった感じがします。いくつかお答えします。

研究のあり方をお褒めいただいたんですが、私自身としても研究グループとしてもうまくやれたという実感は全然ありません。むしろ、2011年以降かかわらせていただきながら、うまくできていないなとか、もうちょっとできるはずなのに、もっと何かできないかなというような思いを持ってきました。どちらかというとハード中心なんですが最近はソフト、コミュニティをこれからどうしていくのかなど図面を描くのがいい意味でも悪い意味でも得意な方々がスピード感を持ってやっていました。私たちは、そういうことにもかかわりたいと思う一方で、そこからこぼれ落ちていくものが見えますので、それを拾い上げることをしてきました。もともと得意としてきたし、そういう役割だと思っています。丁寧に話を聞くという単純なことが一番の武器だと思っています。丁寧に話を聞いたところで何か求められればやる体制を整えておきました。

そのときに、制度と個人のズレとか地域社会と個人のズレなどいろいろなズレが見えてきます。聞くことによって見

67

えてきたものをどう行政の施策や人びとの活動につないでいくのかという方法論を私たちは全然持っていないことを実感してきています。これは難しいんだろうと思います。制度と個人はまだ簡単なのですが、地域社会と個人というのがあります。それぞれの思いがあって、それぞれで動くわけです。それぞれの思いや選択を私たちは聞くけれども、それが全体として地域社会の維持にならないことも結構あります。それがコンフリクトを生むことも当然あります。聞いた話を表にして、みんなこんなに意見が違いますよと出すのも変だし、それぞれに寄り添った施策が行われるべきだというのもその通りだと思います。ズレがあることが分かるまではできますが、そこから先の方法論は持っていないなと思います。これは単純ではなくて、いろいろやってみるしかないという感じがしています。

ということ自体もそれほどできているわけではなく、しかし北上町の場合、われわれは恵まれていて、人材がいたこともありますし復興応援隊の皆さんが聞き取りを私たち以上にやってきたことがあります。どちらかというとそこに任せていた部分もどんどんやってと煽っていたという部分もあります。ときどき一緒に集中的にやるという感じでした。しつこくかかわっていれば何かあるだろうなと思っていて、すぐに効果が出るものではないと思いました。

震災があってみんな思ったように私たちも支援したいと思うわけです。特に私たちはその前からかかわっていた地域で、知己のみなさんがいますので何かお手伝いしたい、しかししゃしゃりでるのではなく求められれば何でもやりますという体制でやりました。それがわりとうまくいくときもあればうまくいかないときもあります。求められるときもあれば別に頼られないときもあります。今度の調査期待してますよと言われていい気で行ったら、次はあんまり期待されていなかったり。そういうことの繰り返しなのです。現場は刻々変わりますし、私たちのメンバーが近くに住んでいなかったのもあるかもしれません。

宮内泰介氏

質疑応答

もう一つ言うと、制度と個人のズレや地域社会と個人のズレについてです。政策論や計画論的には、まずズレがあることを認めるということです。どうしたって完全になくならないと思いますが、小さくする努力が重要です。それには施策に生かす努力もあれば何かの活動によってということもあると思います。ズレが最後まであるのは仕方がないけども、ズレを個人や地域社会が納得するような、仕方がないと思うような仕組みが重要です。それは、情報の共有や合意形成であったりします。そうした点が今回いくらか見えてきた気がします。

司会：西城戸

簡単ではありますが、ここで会場からの質問に対して質疑応答を行います。平川さんに対して、防集とがけ近の引越助成とローン助成は十分な額であったのか、2015年度までが集中復興期間とありますがその後どのように変わっていきますか、制度の話のなかで段階的な改善が不公平を生むとあったが、その不公平性を改善する対策は取られているかという質問です。

平川

まず引越助成ですが、今住んでいる仮設などから防集団地にできて家へ引越すためのお金です。その実費を78万円を上限に助成します。引越費用はまかなえるだろうと思います。ローン助成ですが、住宅ローンの借入金本体に助成してくれるのではなく、利子分を助成します。借りた時点で一括で支払われます。土地や住宅を建てる本体のお金はご自身で用意しなければなりません。それをどう工面するのかというときに、被災した土地や、修繕して住んでいる方は家屋

を自治体が買い取ります。それが次の住宅の助けになっています。震災時点で住宅ローンが残っていた方もいますし、修繕した方には修繕のためのローンを組んだ方もいます。ご自身で住宅を建てられない方は復興公営住宅に入るという選択肢があります。二重ローンの問題を抱えている方もいます。ご自身で住宅を建てましたが、北上町でも復興公営住宅に入る方も多数います。今回は、ご自身で住宅を建てる方を中心にお話しし

次に、集中復興期間後どうなるのかという質問です。期間内に、防集団地や復興公営住宅はだいたい目に見えてくるとは思います。実際に人びとが家を建てて住むことができるのはその後だと思います。事業や予算がどうなるかはお答えするのは難しいところです。

3点目は、段階的な改善が不公平を生むことに対策は取られているかです。災害危険区域として指定される前に住宅再建を始めた方の救済策として市独自の助成制度があります。金額は非常に不十分ですが、こうした制度の運用などの改善で、えーそうだったのという人もいると思いますが、それをさらにフォローする制度はないと思います。

司会：西城戸

髙﨑さんへ、選択の主体化を高めていくための方策はありますか、追い込まれてやったということ以上のものがあるのかどうかということです。

髙﨑

促すような後押しをするような政策はあると思いますが、引っ張っていくことは政策ではできないと思います。みなさんいろいろな事情を抱えていますが、どこかを切り取らないと計画はできません。そのなかでこぼれ落ちていってしまうものをどう拾っていくのかというときに、政策の限界も現れてくるし、地域社会そのものの受け皿としての力が発揮されると思います。役割分担、連携が必要だと考えています。

質疑応答

司会：西城戸

宮内さんへ、農作業の協業化は地域資源管理の観点からも重要だと思いますが、集落営農の2階建てというように1階の意思決定がコミュニティでなされる余地があり、2階にある作業は集約化にある。集約化と意思決定の関連についてコメントをいただきたいという質問です。

宮内

農業の集約化は、地域の中での合意があればどんどん集約化していくこともありうるのではという指摘でした。その通りだと思います。北上町の現状は、合意はあるかどうかは微妙です。すでに出て行った人が多かったり、土地も買って欲しいという人も出てきています。そこまではできないとやっていないのですが、土地は持っておいて地域の信頼のある人やグループに作業はやってもらうということがある種の合意としてあると思います。ご指摘は、北上町では半分そうで半分でないという感じです。

司会：西城戸

農業、漁業以外の生業の可能性をどうするのかという質問も来ています。これは、図司さん、庄司さんにお願いします。

庄司

女性の企業ということでお話しします。調査に入ったときの目的は、復興における女性の起業を捉えていき、制度や政策を女性に結び付けていこうというのがありました。話を聞いていけば聞いていくほど、起業ということは見えてこ

西城戸誠氏

ないし、起業という状況にないということが見えてきました。復興の議論のなかでは女性の活用や起業が声高にうたわれるのですが、本当に女性の現状に合っているのか、実際にはどういう状況に置かれていて、どういった取り組みをしているのかことを丁寧に追っていくことが重要だと考えたことが今回の報告につながっています。お１人の方がカフェの経営を始めました。初めて会ったのが２０１２年の冬ですが、そのときに少しずつ震災を受け止めて起業を考えられるようになったと話しています。しかし、制度や政策との結びつきはうまくいかなくて、２０１４年３月にやっとカフェの起業にいたりました。事例は１つですが、女性の起業に焦点を当てると、これまで女性は目の前のことを何とか解決していっていって自分の生活の復興が見えてきて、それからやっと起業や活動があると思います。今後そうした状況を追っていきたいと思います。

図司

農業、漁業以外の生業ですね。たくさんあるという意味の複業や多就業がキーワードになると思います。復興の現場ではないのですが、地域おこし協力隊の現場ではいろいろな仕事を組み合わせていく発想は出てきています。今日の報告は、農業、漁業も専業がメインでしたが、逆の流れが農山村、中山間地域では出てきていると思います。コメも作るし、カフェもやる、もともと地域にあった生業をそこに組み込んでいくようなことに若い人を中心に関心を持っています。サポート人材の協力隊のＯＢとしてそれを探しにいったり、地域の人たちとの話のなかであぶり出していく動きが出てきています。うちの卒業生が協力隊のＯＢとして地域に残っていますが、「財布は９つある」という表現をしてくれています。地域にあった生業をもう一度磨き上げて、活かしていく発想が注目されています。

司会：西城戸

復興応援隊の給料はどれくらいですかと、募集の際の応募人数はどのくらいだったのですかという質問が来ています。

72

質疑応答

図司

復興応援隊の給料は、制度としては年間220万円という基準です。単純に12か月で割ると額面で15～16万円、手取りで13万円くらいです。先ほどの応援隊のみなさんの話から、家族全体を養おうとするとしんどいし、このくらいの収入で誰がやれるかもおのずと見えてきます。雇用形態は、地域によっていろいろですが行政の嘱託職員として扱われるケースが多いです。基本的には平日5日間活動することもありますが、北上町ではしなやかに半分の日数で半額という対応もされていると聞いています。

募集の仕方は、北上町の場合は応援隊になる前から地域での活動や縁があるということもありますし、新規に募集をかけてというケースもあります。地域によって事情が違うと思います。広く開いた方が外から人材が集まりやすいということもありますし、近しい人たちでしっかり固めたいと地域もあります。

西城戸

私に対して、実践について質問がありました。法政大学人間環境学部でどのようなボランティアをしたのですかという質問です。もう一つ、フィールドスタディに関して、学生の派遣が早いという考えでしたが、どういう観点から早かったのかコメントが欲しいということです。

当初は、パルシックと連携して、その差配のもとでボランティアを行ってきました。私自身は現地に介入しないで、地域に深くかかわっている支援団体の意向を踏まえてさまざまなことをしてきました。学生が入ったことで、子どもや教育など一般のボランティアは、漁業や農業の手伝いもあるし子どもの支援もありました。学生のボランティアはときには、2つ目の質問ですが、フィールドスタディというツアーを私が行ったことについて早かったと言いました。当時はそうは思っていなかったのですが、図司さんの発表でいえば少し早い段階で掛け算のサポートをしたかなと思います。こ

れは半ば意識的にやりました。足し算のサポートだけではなく、掛け算のサポートをとりあえずやってみませんかという形でやっていただきました。やってみて、ちょっと早かったというのが私の感覚です。これは、先ほど関先生が言われた社会学的介入です。研究ではなく介入をしたという批判も一部ありますし、やってみたからこそ分かったということがあります。介入したことで、研究する主体、現場の主体も変わってきます。変わってきたこと自体もありのまま記述していき、かつ変化を見ていっています。研究の客観性からは位相がずれますが、ずれた部分も含めて震災復興にかかわっていくということがここでいう実践的なかかわりです。批判もありつつ今回はこうしてきましたということで回答にしたいと思います。

関先生の論点のなかで、去る者の議論がありました。その点に少しだけコメントします。フェードアウトせざるをえなかった人びとに対して、海水浴場のイベントやお祭りや神楽の存在が、フィードバックする効果を持っていました。集団高台移転に関しては、多くの人が移動しています。移動した人がどうなったかというところを、集団高台移転の研究を含めてどう考えているか平川さんからコメントしてください。髙崎さんからは、地域に住んで漁業を続けていくという話をしていましたが、移転せざるをえなかった人がどう漁業とかかわりを持つのか、移転してもかかわりたいという人に関してコメントをお願いします。

平川

今の時点ですでに北上町を離れている人に対しては、実際ほとんど話を聞けていません。今は修繕した住居に住んでいたり、仮設に住んでいて、これから北上町を離れるという方もいます。そういう方には何人かからお話を聞き、そうした選択にいたった経緯、移動してから北上町とどうつながりを持っていくのか、移転先でどうその地域に馴染んでい

総合討論

質疑応答

髙﨑

漁業についてですが、漁業権という仕組みがあります。今は経過措置で転出した方も準組合員という形で資格を保持しています。経過措置の後は、十三浜の支所のエリアに居住していないと漁業はできなくなると聞いています。漁業はくのかについてもこの先何年という単位で継続してお話を伺っていきたいと思っています。地域そのものと結びつきが強いということだと思います。

司会：西城戸

鬼頭先生と関先生からまとめのコメントをお願いします。

関

宮内さんが最後にとても素敵なことを話してくれました。かかわらせてもらえるフィールドがあるということです。いろいろやってみるしかないということ。求められればやろう。試行錯誤ということ。しつこくかかわっていれば何とかなるということ。とても重要な視点だと私も思います。少し肩から力を抜いてお話しするなら、私の別のフィールドですが新潟水俣病を調査してきました。裁判のときに研究の成果を役立ててもらおうと頑張っていました。しかし、ひとつ論文を書いたからといって社会が動くわけではない現実があります。現地に入って10年以上たったころになると求められるような場が出てきました。求められたときにようやく現地に還元できるような仕事ができたと思っています。日本唯一の公害被害者を地域で支える新潟水俣病地域福祉推進条例を作るときに基本的な考え方について設計をしました。求められる時期がくれば何か現地に還元できるのではないかというところに希望を持って、長いタイムスパンでかかわっていくしかないかなと思います。スマートではないかかわり合い方ですし、即効性がない研究になります。とにかく毒にはならないように。やっていいことをやって悪いことは現地に入ると見えてきます。少なくともやって悪いことをば押しとどめたい。そういう助言ができるようなかかわり方をしていきたいと思います。息の

鬼頭　先ほどの宮内さんの回答で、うまくやっているという実感はないんですよねという話がありました。うまくやっているとか形にするということがあるとそこで、形ができるとそこからこぼれ落ちるものがでてきたり、いろいろな思いがこぼれ落ちます。なかなかうまくいかないなと思いながらやっているという感覚が重要だと思います。西城戸さんが介入の話をしましたので、それにひきつけて言うと、生態系管理で順応的管理（アダプティブ・マネジメント）ということがあります。生態系は人間がよく分かっていないことが前提で、とりあえず計画を立てて手を入れてみると思わぬことが出てきて、それをモニタリングして、フィードバックして考えていくという、新しいマネジメントの仕方です。それが、順応的管理です。同じように人間社会にも適応しているいろいろなものをマネジメントしていく対象がよく分からないものをマネジメントしていくことは重要だと感じています。形にしていくことで前に進んでいくこともちろんありますが、形にすることでいろいろなことが違ってくる。みなさんいろいろな状況なのだけれど、逡巡しながら動いていく。逡巡している姿をそのまま受け止めながら考えることが重要です。こうだと決められた中で、お前はどっちなんだと、こっちならこうしますよと政策は動いていきます。そうではなくて、逡巡している思いにどうやって寄り添ってやっていくかは政策や計画を考えるときに重要です。動いているものを動いているなりに、ただ見ているのではなくて、西城戸さんのように多少介入してみる。少し介入しすぎたかなと思いながらも、やっていくという順応的なガバナンスのあり方が重要かもしれません。社会科学はどちらかというと制度的にきちんとあるものを扱ってきたけれども、動いているものを動いているものとして捉えつつ何かをやっていくという新しい方法論を考えていかないといけないと思います。それには、今日の発表者が非常に謙虚に現場にかかわりつつ、そこで厳密に決めるのではなく、むしろ動いている姿を動いているな

76

質疑応答

宮内
今日はみなさんありがとうございました。私たちは本当に試行錯誤で、北上町のみなさんと一緒にやらせていただいていて、いろいろなことでそんなにうまくいかないと思っているのですが、励まされた感じがします。本当にありがとうございました。ニッセイ財団にみなさんもお話を聞いてくださり、ありがとうございました。今日は北上町から何人かゲストに来ていただいて、本当はその方々にお話ししていただきたいのですが、時間の都合で今日は割愛させていただきました。今日は本当にありがとうございました。

りにどういう形で解決していくかという新しい方法論が今模索されていると思います。それに明確な方法論はないかと思います。でも、これからの社会を考えると重要な部分です。そこに道を開いていく形になるといいのではないかと思います。

司会：西城戸
これで第28回ニッセイ財団助成研究ワークショップ「生業と地域社会の復興を考える」を終わります。本日はありがとうございました。

登壇者一覧（登壇順）

西城戸誠（にしきど・まこと）
　法政大学人間環境学部教授。博士（行動科学）。専門分野は環境社会学、社会運動研究、地域社会学。主な著書：『再生可能エネルギーのリスクとガバナンス』（ミネルヴァ書房・共編著）、『フィールドから考える地域環境』（ミネルヴァ書房・共編著）、『環境と社会』（人文書院・共編著）『用水のあるまち』（法政大学出版局・共編著）、『抗いの条件』（人文書院）など。

平川全機（ひらかわ・ぜんき）
　北海道大学大学院農学研究院札幌サテライト研究員。博士（文学）。専門分野は環境社会学、リスク・コミュニケーション。主な論文：「継続的な市民参加における公共性の担保」（『環境社会学研究』11）、「合意形成における環境認識と『オルタナティブ・ストーリー』」（『環境社会学研究』10）など。

宮内泰介（みやうち・たいすけ）
　北海道大学大学院文学研究科教授。博士（社会学）。環境社会学。主な著作に『なぜ環境保全はうまくいかないのか』（新泉社・編著）、『開発と生活戦略の民族誌』（新曜社・編著）、『半栽培の環境社会学』（昭和堂・編著）、『コモンズをささえるしくみ』（新曜社・編著）、『カツオとかつお節の同時代史』（コモンズ・共編著）、『自分で調べる技術』（岩波書店）など。

黒田暁（くろだ・さとる）
　長崎大学大学院水産・環境科学総合研究科准教授。博士（文学）。専門分野は環境社会学、地域資源管理論。主な著書：『用水のあるまち』（法政大学出版局・共編著）、『半栽培の環境社会学』（昭和堂・共著）。主な論文：「農業用水の"環境用水"化に見る資源管理の編成可能性」『環境社会学研究』18（共著）など。

高﨑優子（たかさき・ゆうこ）
　北海道大学大学院文学研究科博士後期課程。専門分野は環境社会学、資源管理論。主な論文：「自然資源管理のゆらぎを許容する地域社会：沖縄県今帰仁村古宇利島のウニ漁を事例として」（『環境社会学研究』19）、「自然を楽しむ作法：沖縄県における寄り物漁を事例として」（『北海道大学大学院文学研究科研究論集』13）など。

庄司知恵子（しょうじ・ちえこ）
　岩手県立大学社会福祉学部講師。博士（文学）。専門分野は農村社会学、地域社会学。
　主な著書：『防災の社会学―防災コミュニティの社会設計に向けて』（東信堂・共著）、『防災コミュニティの基層―東北6都市の町内会分析』（御茶の水書房・共著）、『安全・安心コミュニティの存立基盤―東北6都市の町内会分析』（御茶の水書房・共著）など。

武中桂（たけなか・かつら）
　北海道大学大学院文学研究科専門研究員。博士（文学）。専門分野は環境社会学。主な論文：「「実践」としての環境保全政策―ラムサール条約登録湿地・蕪栗沼周辺水田における「ふゆみずたんぼ」を事例として―」（『環境社会学研究』14）、「自然公園内に受け継がれた「ヤマ」―北海道立自然公園野幌森林公園を事例として―」（『環境社会学研究』12）、「環境保全政策における「歴史」の再構成―宮城県蕪栗沼のラムサール条約登録に関する環境社会学的研究―」（『社会学年報』37）など。

図司直也（ずし・なおや）
　法政大学現代福祉学部准教授。博士（農学）。専門分野は農業経済学、農山村政策論、地域資源管理論。主な著書：『地域サポート人材による農山村再生』（筑波書房）、『農山村再生に挑む』（岩波書店・共著）、『現代のむら―むら論と日本社会の展望』（農山漁村文化協会・共著）、『若者と地域をつくる』（原書房・共著）など。

鬼頭秀一（きとう・しゅういち）
　星槎大学教授、東京大学名誉教授。専門分野は、環境倫理学・科学技術社会論。主な著書：『科学・技術と社会倫理』（東京大学出版会・共著）、『環境倫理学』（東京大学出版会・共編著）、『自然再生のための生物多様性モニタリング』（東京大学出版会・共編著）、『自然保護を問いなおす』（筑摩書房）など。

関礼子（せき・れいこ）
　立教大学社会学部教授。博士（社会学）。専門分野は環境社会学、地域環境論。主な著書：『"生きる"時間のパラダイム』（日本評論社）、『環境の社会学』（有斐閣・共編著）、『新潟水俣病をめぐる制度・表象・地域』（東信堂）など。

法政大学人間環境学部・サスティナビリティ・ブックレットシリーズの刊行に際して

20世紀の総括を含む世紀末論、さらに、未来予測も兼ねた新世紀論が百家争鳴のごとく語られていた頃から、すでに20年近くの歳月が流れた。そして21世紀も15年目に入った。果たして人類は、かつて議論した課題を克服する道を歩んでいるのだろうか。

法政大学人間環境学部は、世紀末の1999年に開設された。1989年の東西冷戦終結以降に台頭した地球環境問題を、21世紀を象徴する巨大な争点として認識し、途上国に対する国際協力、市場経済のガバナンス、都市や農山村の地域課題などの幅広いテーマと、グローカル（グローバルかつローカル）な視野で向き合いながら、1980年代の終わり頃から世界的に流通していった「持続可能な社会」という理念を託す次世代を養成することを学部のミッションとした。

また日本初の環境に関する文系総合政策学部であることを標榜したが、他方で、社会科学や人文科学だけではなく、自然科学の成果もふまえ、学際的なアプローチに基づく実践知を旨とする学部をめざした。さらに、世紀末の議論に共通していたこともあるが、環境論を手がかりとして人間論と文明論を探究する教養学部をつくることもミッションとし、「人間環境」学部という名称を選択した。今日、あらためて振り返ると、90年代の大学改革において危惧された教養教育の解体という趨勢に対する1つの解答であったともいえる。

本学部も、2013年に15周年を迎えたが、世紀末に掲げたミッションは決して色あせたわけではなく、真価が問われるのはむしろこれからである。それは、2011年3月の東日本大震災と福島第一原発事故の経験や日々の社会情勢や国際情勢をみればあきらかであろう。

ここに刊行するサスティナビリティ・ブックレットシリーズは、15年周年を経た法政大学人間環境学部が、教育・研究・社会実践の成果を広く社会に還元しながら、学部のミッションと社会的責任、そして存在意義を自らに問う機会として企画された。

「サスティナビリティ」（持続可能性）は、本学部の名称にもある「人間」と「環境」の共存を中核としながらも幅広い含意をもち、時間的には現代と未来を、空間的には国際社会と地域社会を架橋する言葉であり、また企業経営や市民社会など幅広い知的フィールドを架橋する、きわめて包括的で、あるべき世界を示唆する規範概念である。

もっとも、サスティナビリティは、常に論争にさらされ、肯定的にも懐疑的にも受け止められてきた。しかし、同じ規範概念である「民主主義」のように、たとえ現状はどうあれ、その内実から目を背けることなく、言葉の生命力を取り戻そうとする数々の知的営為に習い、サスティナビリティという言葉を、開かれた対話を通して鍛え育む道を選びたいと思う。そして、多くの人々とサスティナビリティを「日常の思想」として共有することが、このブックレットシリーズに込めた私たちの願いである。

2015年6月

法政大学人間環境学部

法政大学人間環境学部・サステイナビリティ・ブックレット1

生業と地域社会の復興を考える
　　宮城県石巻市北上町の事例から

2015年7月30日　初版発行

　　編　著　　西城戸誠・平川全機
　　発行人　　武内英晴
　　発行所　　公人の友社
　　　　　　　〒112-0002　東京都文京区小石川5-26-8
　　　　　　　TEL 03-3811-5701
　　　　　　　FAX 03-3811-5795
　　　　　　　e-mail: info@koujinnotomo.com
　　　　　　　http://koujinnotomo.com/
　　印刷所　　倉敷印刷株式会社

ISBN978-4-87555-670-1

「官治・集権」から
　　　　「自治・分権」へ

市民・自治体職員・研究者のための
自治・分権テキスト

《出版図書目録 2015.7》

公人の友社

〒120-0002　東京都文京区小石川 5-26-8
TEL　03-3811-5701
FAX　03-3811-5795
mail　info@koujinnotomo.com

- ご注文はお近くの書店へ
  小社の本は、書店で取り寄せることができます。
- ＊印は〈残部僅少〉です。品切れの場合はご容赦ください。
- 直接注文の場合は
  電話・FAX・メールでお申し込み下さい。
    TEL　03-3811-5701
    FAX　03-3811-5795
    mail　info@koujinnotomo.com
  （送料は実費、価格は本体価格）

[法政大学人間環境学部・サステイナビリティ・ブックレット]

No.1 生業と地域社会の復興を考える　宮城県石巻市北上町の事例から
西城戸誠・平川全機　900円

[地方自治ジャーナルブックレット]

No.10 自治体職員の能力
自治体職員能力研究会　971円

No.11 パブリックアートは幸せか
山岡義典　1,166円*

No.12 市民が担う自治体公務
パートタイム公務員論研究会　1,359円

No.14 上流文化圏からの挑戦
山梨学院大学行政研究センター　1,166円

No.15 市民自治と直接民主制
高寄昇三　951円

No.16 議会と議員立法
上田章・五十嵐敬喜　1,600円

No.17 分権段階の自治体と政策法務
山梨学院大学行政研究センター　1,456円

No.18 地方分権と補助金改革
高寄昇三　1,200円

No.19 分権化時代の広域行政
山梨学院大学行政研究センター　1,200円

No.20 あなたの町の学級編成と地方分権
田嶋義介　1,200円

No.22 ボランティア活動の進展と自治体の役割
山梨学院大学行政研究センター　1,200円

No.23 新版2時間で学べる「介護保険」
加藤良重　800円

No.24 男女平等社会の実現と自治体の役割
山梨学院大学行政研究センター　1,200円

No.25 市民がつくる東京の環境・公害条例
市民案をつくる会　1,000円

No.26 東京都の「外形標準課税」はなぜ正当なのか
青木宗明・神田誠司　1,000円

No.27 少子高齢化社会における福祉のあり方
山梨学院大学行政研究センター　1,200円

No.28 財政再建団体
橋本行史　1,000円（品切れ）

No.29 交付税の解体と再編成
高寄昇三　1,000円

No.30 町村議会の活性化
山梨学院大学行政研究センター　1,200円

No.31 地方分権と法定外税
外川伸一　800円

No.32 東京都銀行税判決と課税自主権
高寄昇三　1,200円

No.33 都市型社会と防衛論争
松下圭一　900円

No.34 中心市街地の活性化に向けて
山梨学院大学行政研究センター　1,200円

No.35 自治体企業会計導入の戦略
高寄昇三　1,100円

No.36 自治基本条例の理論と実際
神原勝・佐藤克廣・辻道雅宣　1,100円

No.37 市民文化と自治体文化戦略
松下圭一　800円

No.38 まちづくりの新たな潮流
山梨学院大学行政研究センター　1,200円

No.39 ディスカッション三重の改革
中村征之・大森彌　1,200円

No.40 政務調査費
宮沢昭夫　1,200円（品切れ）

No.41 市民自治の制度開発の課題
山梨学院大学行政研究センター　1,200円

No.42 《改訂版》自治体破たん・「夕張ショック」の本質
橋本行史　1,200円*

No.43 分権改革と政治改革
西尾勝　1,200円

No.44 自治体人材育成の着眼点
浦野秀一・井澤壽美子・野田邦弘・西村浩司・三関浩司・杉谷戸知也・坂口正治・田中富雄　1,200円

No.45 シンポジウム障害と人権
橋本宏子・森田明・湯浅和恵・池原毅和・青木九馬・澤静子・佐々木久美子　1,400円

No.46 地方財政健全化法で財政破綻は阻止できるか
高寄昇三　1,200円

No.47 地方政府と政策法務　加藤良重　1,200円

No.48 政策財務と地方政府　加藤良重　1,400円

No.49 政令指定都市がめざすもの　高寄昇三　1,400円

No.50 良心的裁判員拒否と責任ある参加　市民社会の中の裁判員制度　大城聡　1,000円

No.51 討議する議会　自治体議会学の構築をめざして　江藤俊昭　1,200円

No.52【増補版】大阪都構想と橋下政治の検証　府県集権主義への批判　高寄昇三　1,200円

No.53 虚構・大阪都構想への反論　橋下ポピュリズムと都市主権の対決　高寄昇三　1,200円

No.54 大阪市存続・大阪都粉砕の戦略　地方政治とポピュリズム　高寄昇三　1,200円

No.55「大阪都構想」を越えて　問われる日本の民主主義と地方自治　(社)大阪自治体問題研究所　1,200円

No.56 翼賛議会型政治・地方民主主義への脅威　地域政党と地方マニフェスト　編著：大阪自治を考える会　高寄昇三　1,200円

No.57 なぜ自治体職員にきびしい法遵守が求められるのか　加藤良重　1,200円

No.58 東京都区制度の歴史と課題　都区制度問題の考え方　著：栗原利美、編：米倉克良　1,400円

No.59 七ヶ浜町（宮城県）で考える「震災復興計画」と住民自治　編著：自治体学会東北YP　1,400円

No.60 市民が取り組んだ条例づくり　市長・職員・市議会とともにつくった所沢市自治基本条例　編著：所沢市自治基本条例を育てる会　1,400円

No.61 いま、なぜ大阪市の消滅なのか　「大都市地域特別区法」の成立と今後の課題　編者：大阪自治を考える会　800円

No.62 地方公務員給与は高いのか　非正規職員の正規化をめざして　著：高寄昇三・山本正憲　1,200円

No.63 大阪市廃止・特別区設置の制度設計案を批判する　いま、なぜ大阪市の消滅なのかPart2　編者：大阪自治を考える会　900円

No.64 自治体学とはどのような学か　森啓　1,200円

No.65 通年議会の〈導入〉と〈廃止〉　長崎県議会による全国初の取り組み　松島完　900円

No.66 平成忠臣蔵・泉岳寺景観の危機　吉田朱音・牟田賢明・五十嵐敬喜　800円

No.67 いま一度考えたい大阪市の廃止・分割　大阪の自治を問う住民投票を前に大阪の自治を考える研究会　926円

No.68 地域主体のまちづくりで「自治体職員」が重視すべきこと　事例に学び、活かしたい5つの成果要因　矢代隆嗣　800円

[福島大学ブックレット　21世紀の市民講座]

No.1 外国人労働者と地域社会の未来　著：桑原靖夫・香川孝三、編：坂本惠　900円

No.2 自治体政策研究ノート　今井照　900円

No.3 住民による「まちづくり」の作法　今西一男　1,000円

No.4 格差・貧困社会における市民の権利擁護　金子勝　900円

No.5 法学の考え方・学び方　イェーリングにおける「秤」と「剣」　富田哲　900円

No.6 今なぜ権利擁護か　ネットワークの重要性　高野範城・新村繁文　1,000円

No.7 小規模自治体の可能性を探る　保母武彦・菅野典雄・竹内是俊・松野光伸　1,000円

No.8 小規模自治体の生きる道　連合自治体の構築をめざして　神原勝　900円

No.9 文化資産としての美術館利用　地域の教育・文化的生活に資する方法研究と実践　辻みどり・田村奈保子・真歩仁しょうん　900円

No.10 フクシマで"日本国憲法〈前文〉"を読む　家族で語らう憲法のこと　金井光生　1,000円

【京都府立大学京都政策研究センターブックレット】

No.1 地域貢献としての「大学発シンクタンク」京都政策研究センター（KPI）の挑戦
編著 青山公三・小沢修司・杉岡秀紀
藤沢実 1,000円

No.2 もうひとつの「自治体行革」住民満足度向上へつなげる
編著 青山公三・小沢修司・杉岡秀紀・藤沢実 1,000円

No.3 地域力再生とプロボノ 行政におけるプロボノ活用の最前線
著 青山公三・鈴木康久・山本伶奈 1,000円

[地方自治土曜講座ブックレット]

No.1 現代自治の条件と課題 神原勝 800円

No.2 自治体の政策研究 森啓 500円

No.3 現代政治と地方分権 山口二郎 500円

No.4 行政手続と市民参加 畠山武道 500円＊

No.5 成熟型社会の地方自治像 間島正秀 500円＊

No.6 自治体法務とは何か 木佐茂男 500円＊

No.7 自治と参加 アメリカの事例から 佐藤克廣 500円

No.8 政策開発の現場から 小林勝彦・大石和也・川村喜芳 800円＊

No.9 まちづくり・国づくり 五十嵐広三・西尾六七 500円＊

No.10 自治体デモクラシーと政策形成 山口二郎 500円＊

No.11 自治体理論とは何か 森啓 500円＊

No.12 池田サマーセミナーから 間島正秀・福士明・田口晃 500円＊

No.13 憲法と地方自治 中村睦男・佐藤克廣 500円（品切れ）

No.14 まちづくりの現場から 斉藤外一・宮嶋望 500円＊

No.15 環境問題と当事者 畠山武道・相内俊一 500円＊

No.16 情報化時代とまちづくり 千葉純一・笹谷幸一 600円（品切れ）

No.17 市民自治の制度開発 神原勝 500円＊

No.18 行政の文化化 森啓 600円＊

No.19 政策法務と条例 阿部泰隆 600円＊

No.20 政策法務と自治体 岡田行雄 600円（品切れ）

No.21 分権時代の自治体経営 北良治・佐藤克廣・大久保尚孝 600円＊

No.22 地方分権推進委員会勧告とこれからの地方自治 西尾勝 500円＊

No.23 産業廃棄物と法 畠山武道 500円＊

No.24 自治体計画の理論と手法 神原勝 600円（品切れ）

No.25 自治体の施策原価と事業別予算 小口進一 600円＊

No.26 地方分権と地方財政 横山純一 600円（品切れ）

No.27 比較してみる地方自治 田口晃・山口二郎 600円＊

No.28 議会改革とまちづくり 森啓 400円（品切れ）

No.29 自治体の課題とこれから 逢坂誠二 400円＊

No.30 内発的発展による地域産業の振興 保母武彦 600円（品切れ）

No.31 地域の産業をどう育てるか 金井一頼 600円＊

No.32 金融改革と地方自治体 宮脇淳 600円＊

No.33 ローカルデモクラシーの統治能力 山口二郎 400円＊

No.34 政策立案過程への戦略計画手法の導入 佐藤克廣 500円＊

No.35 「変革の時」の自治を考える 神原昭子・磯田憲一・大和田健太郎 600円＊

No.36 地方自治のシステム改革 辻山幸宣 400円（品切れ）

No.37 分権時代の政策法務 礒崎初仁 600円＊

No.38 地方分権と法解釈の自治 兼子仁 400円＊

No.39	「近代」の構造転換と新しい「市民社会」への展望	今井弘道	500円*
No.40	自治基本条例への展望	辻道雅宣	400円*
No.41	少子高齢社会の自治体の福祉法務	加藤良重	400円*
No.42	改革の主体は現場にあり	山田孝夫	900円*
No.43	自治と分権の政治学	鳴海正泰	1,100円
No.44	公共政策と住民参加	宮本憲一	1,100円*
No.45	農業を基軸としたまちづくり	小林康雄	800円
No.46	これからの北海道農業とまちづくり	篠田久雄	800円
No.47	自治の中に自治を求めて	佐藤守	1,000円
No.48	介護保険は何をかえるのか	池田省三	1,100円
No.49	介護保険と広域連合	大西幸雄	1,000円
No.50	自治体職員の政策水準	森啓	1,100円
No.51	分権型社会と条例づくり	篠原一	1,000円
No.52	自治体における政策評価の課題	佐藤克廣	1,000円
No.53	小さな町の議員と自治体	室埼正之	900円
No.55	改正地方自治法とアカウンタビリティ	鈴木庸夫	1,200円
No.56	財政運営と公会計制度	宮脇淳	1,100円
No.57	自治体職員の意識改革を如何にして進めるか	林嘉男	1,000円
No.59	環境自治体とISO	畠山武道	700円
No.60	転型期自治体の発想と手法	松下圭一	900円
No.61	分権の可能性 スコットランドと北海道	山口二郎	600円
No.62	機能重視型政策の分析過程と財務情報	宮脇淳	800円
No.63	自治体の広域連携	佐藤克廣	900円
No.64	分権時代における地域経営	見野全	700円
No.65	町村合併は住民自治の区域の変更である	森啓	800円
No.66	自治体学のすすめ	田村明	900円
No.67	市民・行政・議会のパートナーシップを目指して	松山哲男	700円
No.69	新地方自治法と自治体の自立	井川博	900円
No.70	分権型社会の地方財政	神野直彦	1,000円
No.71	自然と共生した町づくり 宮崎県・綾町	森山喜代香	700円
No.72	情報共有と自治体改革	片山健也	1,000円
No.73	地域民主主義の活性化と自治体改革	山口二郎	900円
No.74	分権は市民への権限委譲	上原公子	1,000円
No.75	今、なぜ合併か	瀬戸亀男	800円
No.76	市町村合併をめぐる状況分析	小西砂千夫	800円
No.78	ポスト公共事業社会と自治体政策	五十嵐敬喜	800円
No.80	自治体人事政策の改革	森啓	800円
No.82	地域通貨と地域自治	西部忠	900円（品切れ）
No.83	北海道経済の戦略と戦術	宮脇淳	800円
No.84	地域おこしを考える視点	矢作弘	700円
No.87	北海道行政基本条例論	神原勝	1,100円
No.90	「協働」の思想と体制	森啓	800円*

No.91 協働のまちづくり 三鷹市の様々な取組みから 秋元政三 700円

No.92 シビル・ミニマム再考 松下圭一 900円*

No.93 市町村合併の財政論 高木健二 900円

No.95 市町村行政改革の方向性 佐藤克廣 800円＊

No.96 創造都市と日本社会の再生 佐々木雅幸 900円

No.97 地方政治の活性化と地域政策 山口二郎 800円

No.98 多治見市の総合計画に基づく政策実行 西寺雅也 800円

No.99 自治体の政策形成力 森啓 700円

No.100 自治体再構築の市民戦略 松下圭一 900円

No.101 維持可能な社会と自治体 宮本憲一 900円

No.102 道州制の論点と北海道 佐藤克廣 1,000円

No.103 自治基本条例の理論と方法 神原勝 1,100円

No.104 働き方で地域を変える 山田眞知子 800円（品切れ）

No.107 公共をめぐる攻防 樽見弘紀 600円

No.108 三位一体改革と自治体財政 岡本全勝・山本邦彦・北良治 1,000円

No.109 連合自治の可能性を求めて 逢坂誠二・川村喜芳 1,000円

No.110 「市町村合併」の次は「道州制」か 松岡市郎・堀則文・三本英司・佐藤克廣・砂川敏文・北良治他 1,000円

No.111 コミュニティビジネスと建設帰農 森啓 900円

No.112 「小さな政府」論とはなにか 松本懿・佐藤吉彦・橋場利夫・山北博明・飯野政一・神原勝 1,000円

No.113 栗山町発・議会基本条例 牧野富夫 700円

No.114 北海道の先進事例に学ぶ 橋場利勝・神原勝 1,200円

宮谷内留雄・安斎保・見野全・佐藤克廣・神原勝 1,000円

No.115 地方分権改革の道筋 西尾勝 1,200円

No.116 転換期における日本社会の可能性〜維持可能な内発的発展 宮本憲一 1,100円

[TAJIMI CITY ブックレット]

No.2 転型期の自治体計画づくり 松下圭一 1,000円

No.3 これからの行政活動と財政 西尾勝 1,000円（品切れ）

No.4 構造改革時代の手続的公正と第二次分権改革 鈴木庸夫 1,000円

No.5 自治基本条例はなぜ必要か 辻山幸宣 1,000円

No.6 自治のかたち、法務のすがた 天野巡一 1,100円

No.7 自治体再構築における行政組織と職員の将来像 今井照 1,100円（品切れ）

No.8 持続可能な地域社会のデザイン 植田和弘 1,000円

No.9 「政策財務」の考え方 加藤良重 1,000円

No.10 市場化テストをいかに導入するべきか 竹下譲 1,000円

No.11 市場と向き合う自治体 小西砂千夫・稲澤克祐 1,000円

[北海道自治研ブックレット]

No.1 市民・自治体・政治 再論・人間型としての市民 松下圭一 1,200円

No.2 議会基本条例の展開 その後の栗山町議会を検証する 橋場利勝・中尾修・神原勝 1,200円

No.3 福島町の議会改革 議会基本条例＝開かれた議会づくりの集大成 溝部幸基・石堂一志・中尾修・神原勝 1,200円

No.4 議会改革はどこまですすんだか 改革8年の検証と展望 神原勝・中尾修・江藤俊昭・廣瀬克哉 1,200円

[地域ガバナンスシステム・シリーズ]
（龍谷大学地域人材・公共政策開発システム・オープン・リサーチセンター(LORC)…企画・編集）

No.1 地域人材を育てる自治体研修改革　土山希美枝　900円

No.2 公共政策教育と認証評価システム　坂本勝　1,100円

No.3 暮らしに根ざした心地よいまちづくり　1,100円

No.4 持続可能な都市自治体づくりのためのガイドブック　1,100円

No.5 英国における地域戦略パートナーシップ　編：白石克孝、監訳：的場信敬　900円

No.6 マーケットと地域をつなぐパートナーシップ　編：白石克孝、著：園田正彦　1,000円

No.7 政府・地方自治体と市民社会の戦略的連携　的場信敬　1,000円

No.8 多治見モデル　大矢野修　1,400円

No.9 市民と自治体の協働研修ハンドブック　大矢野修　1,400円

No.10 行政学修士教育と人材育成　坂本勝　1,600円

No.11 アメリカ公共政策大学院の認証評価システムと評価基準　早田幸政　1,200円

No.12 イギリスの資格履修制度　資格を通しての公共人材育成　小山善彦　1,000円

No.13 炭を使った農業と地域社会の再生　市民が参加する地球温暖化対策　井上芳恵　1,400円

No.14 イギリスの地域の公共人材育成　1,000円

No.15 対話と議論で〈つなぎ・ひきだす〉ファシリテート能力育成ハンドブック　土山希美枝・村田和代・深尾昌峰　1,200円

No.16 「質問力」からはじめる自治体議会改革　土山希美枝　1,100円

No.17 東アジア中山間地域の内発的発展　日本・韓国・台湾の現場から　編：小林久・堀尾正靱・著：独立行政法人科学技術振興機構社会技術研究開発センター「地域に根ざした脱温暖化・環境共生社会」研究開発領域　1,400円

No.18 カーボンマイナスソサエティ　クルベジでつながる、環境、農業、地域社会　編著：定松功　1,100円

[生存科学シリーズ]

No.2 再生可能エネルギーで地域がかがやく　秋澤淳・長坂研・小林久　1,100円

No.4 小水力発電を地域の力で　小林久・戸川裕昭・堀尾正靱　1,200円

No.5 地域の生存と農業知財　澁澤栄・福井隆・正林真之　1,000円

No.6 地域の生存と社会的企業　柏雅之・白石克孝・重藤さわ子　1,200円

No.7 風の人・土の人　千賀裕太郎・白石克孝・柏雅之・福井隆・飯島博・曽根原久司・関原剛　1,400円

No.8 地域分散エネルギーと「地域主体」の形成　風・水・光エネルギー時代の主役を作る　編：小林久・堀尾正靱、著：独立行政法人科学技術振興機構社会技術研究開発センター「地域に根ざした脱温暖化・環境共生社会」研究開発領域地域分散電源等導入タスクフォース　1,400円

No.9 「地域に根ざした脱温暖化・環境共生社会」研究開発領域　1,400円

No.10 お買い物で社会を変えよう！レクチャー＆手引き　編著：中村洋子・安達昇　編著：永田潤子、監修：独立行政法人科学技術振興機構社会技術研究開発センター「地域に根ざした脱温暖化・環境共生社会」研究開発領域　1,500円

No.11 省エネルギーを話し合う実践プラン46　エネルギーを使う・創る・選ぶ　1,400円

[私たちの世界遺産]

No.1 持続可能な美しい地域づくり　五十嵐敬喜他　1,905円

No.2 地域価値の普遍性とは　五十嵐敬喜・西村幸夫　1,800円

No.3 世界遺産登録・最新事情
～ニセコ町まちづくり基本条例の10年
編 木佐茂男・片山健也・名塚昭
2,000円

長崎・南アルプス
編 五十嵐敬喜・西村幸夫 1,800円

No.4 新しい世界遺産の登場
南アルプス［自然遺産］九州・
山口［近代化遺産］
編著 五十嵐敬喜・西村幸夫・岩槻邦男・松浦晃一郎 2,000円

［別冊］No.1
ユネスコ憲章と平泉・中尊寺
五十嵐敬喜／佐藤弘弥 1,200円

［別冊］No.2
平泉から鎌倉へ
供養願文
五十嵐敬喜／佐藤弘弥 1,800円

鎌倉は世界遺産になれるか?!
五十嵐敬喜／佐藤弘弥 1,800円

［単行本］
フィンランドを世界一に導いた100の社会改革
編著 イルカ・タイパレ
訳 山田眞知子 2,800円

公共経営学入門
編著 ボーベル・ラフラー
監修 稲澤克祐、紀平美智子
訳 みえガバナンス研究会 2,500円

変えよう地方議会
～3・11後の自治に向けて
編著 河北新報社編集局 2,000円

自治体職員研修の法構造
田中孝男 2,800円

自治基本条例は活きているか?!

国立景観訴訟～自治が裁かれる
編著 五十嵐敬喜・上原公子 2,800円

成熟と洗練
～日本再構築ノート
松下圭一 2,500円

地方自治制度「再編論議」の深層
監修 木佐茂男
青山彰久・国分高史 1,500円

韓国における地方分権改革の分析～弱い大統領と地域主義の政治経済学
尹誠國 1,400円

自治体国際政策論
～自治体国際事務の理論と実践
楠本利夫 1,400円

自治体職員の「専門性」概念
～可視化による能力開発への展開
林奈生子 3,500円

アニメの像VS.アートプロジェクト～まちとアートの関係史
竹田直樹 1,600円

NPOと行政の《協働》活動における「成果要因」
～成果へのプロセスをいかにマネジメントするか
矢代隆嗣 3,500円

おかいもの革命
消費者と流通販売者の相互学習型プラットホームによる低酸素型社会の創出
編著 おかいもの革命プロジェクト 2,000円

原発再稼働と自治体の選択
原発立地交付金の解剖
高寄昇三 2,200円

［自治体危機叢書］
2000年分権改革と自治体危機

「地方創生」で地方消滅は阻止できるか
地方再生策と補助金改革
高寄昇三 2,400円

総合計画の新潮流
自治体経営を支えるトータル・システムの構築
編集 日本生産性本部
監修・著 玉村雅敏 2,400円

総合計画の理論と実務
行財政縮小時代の自治体戦略
編著 神原勝・大矢野修 3,400円

自治体の人事評価がよくわかる本
これからの人材マネジメントと人事評価
小堀喜康 1,400円

だれが地域を救えるのか
作られた「地方消滅」
島田恵司 1,700円

分権危惧論の検証
教育・都市計画・福祉を題材として
編著 嶋田暁文・木佐茂男 2,000円

自治体財政のムダを洗い出す
財政再建の処方箋
高寄昇三 2,300円

地方自治の基礎概念
住民・住所・自治体をどうとらえるか?
編著 嶋田暁文・阿部昌樹・木佐茂男 2,600円

自治体財政破綻の危機・管理
加藤良重 1,400円

自治体連携と受援力
もう国に依存できない
神谷秀之・桜井誠一 1,600円

政策転換への新シナリオ
松下圭一 1,500円

住民監査請求制度の危機と課題
小口進一 1,500円

政府財政支援と被災自治体財政
東日本・阪神大震災と地方財政
高寄昇三 1,600円

震災復旧・復興と「国の壁」
神谷秀之 2,000円